高校篮球
教学与训练

朱觊 等著

化学工业出版社

·北京·

内容简介

篮球运动源于学校、根植于学校，在高校蓬勃发展且深受大学生喜爱。篮球课程作为高校体育必修课，对于强化大学生的身体素质，培养其健康向上的思想与心态具有积极的意义。

《高校篮球教学与训练》从篮球教学基础理论介绍入手，针对篮球训练、篮球技术、篮球战术进行了分析；另外对篮球科学研究做了一定的介绍。

本书可供篮球爱好者及篮球教学相关人员参考。

图书在版编目（CIP）数据

高校篮球教学与训练/朱觊等著. —北京：化学工业出版社，2023.11（2024.9 重印）
ISBN 978-7-122-44251-2

Ⅰ.①高…　Ⅱ.①朱…　Ⅲ.①篮球运动-体育教学-教学研究-高等学校　Ⅳ.①G841.2

中国国家版本馆 CIP 数据核字（2023）第 185076 号

责任编辑：宋　薇　　　　　　　　　　装帧设计：张　辉
责任校对：边　涛

出版发行：化学工业出版社（北京市东城区青年湖南街 13 号　邮政编码 100011）
印　　装：北京盛通数码印刷有限公司
710mm×1000mm　1/16　印张 9½　字数 161 千字　2024 年 9 月北京第 1 版第 2 次印刷

购书咨询：010-64518888　　　　　　售后服务：010-64518899
网　　址：http://www.cip.com.cn

凡购买本书，如有缺损质量问题，本社销售中心负责调换。

定　　价：88.00 元

前言

从 19 世纪末诞生到当代，篮球运动经过一百多年的发展，已经成为颇具影响力的体育运动。篮球运动成为一种文化，日益渗透进人们的生活；篮球运动成为一种生活方式，是人们运动健身与休闲欣赏的重要选择；篮球运动成为一种产业，带动着世界经济的发展；篮球运动成为学校体育教学的重要内容，促进了学生的身心健康和全面成长。

篮球运动源于学校、根植于学校，锻炼与教育价值突出，对于强化大学生的身体素质、培养健康向上的思想与心态具有积极的意义，这也是该项运动在高校蓬勃发展且深受大学生喜爱的主要原因。基于我国高等教育教学模式的不断创新，高校各项课程教学方法也不断改进。作为高校必修课的篮球课程，不断引入新技术、新方法，有效地提升了学生的学习兴趣。

本书从篮球教学基础理论介绍入手，针对篮球训练、篮球技术、篮球战术进行了分析，对篮球规则的教学与实践做了一定的介绍。期望本书能够为提高我国篮球运动的教学与训练水平、培养适应现代社会需求的创新型篮球人才、推动我国篮球事业的进一步发展作出贡献。

限于时间和精力，未能尽善尽美，若有不妥之处，敬请指正。

著者
2024 年 5 月

目录

第五章 篮球科学研究

参考文献

basketball

第一章

高校篮球教学基础理论

第一节　高校篮球运动与教学开展分析

一、篮球运动的价值、功能与特点

（一）篮球运动的价值与功能

1. 生理健身价值与功能

第一，由于篮球运动要求球员练习力量的抗衡、突然与连续起跳、敏捷的反应与快速奔跑，因而能够使机体各部分肌肉结实且发展匀称；第二，篮球运动作为一种高强度的对抗性运动，能够促进人体的新陈代谢，提高机体的代谢率，从而使各器官的功能增强，并从根本上使人的体质以及抵抗力增强；第三，由于篮球比赛中所发生的情况具有极大的不确定性，因此需要球员掌握各种协调的技术动作，与此同时，还需要他们具备随机应变的能力，所以经常参加篮球运动，能够提高各感觉器官尤其是视觉感受器的功能，对促进动作精细化也很有帮助。另外，因为篮球运动是在快速奔跑中进行的，所以球员在跳跃、转身跨步、起动等动作中锻炼了各关节的韧带与肌肉，而这对提高柔韧素质有利。

2. 心理保健价值与功能

长期参加篮球运动的人，其个性与心理都会朝着更为健康、积极的方向发展。

（1）锻炼顽强的意志

水平接近、争夺激烈，是现代篮球强队比赛的特点。由于双方球员均处于直接对抗的状况，因此，他们除了要具备优良的身体素质与技战术素质之外，更重要的是具备坚强的意志品质。想要获得比赛胜利，球员必须在对抗当中克服各种困难，而克服困难的过程就是锻炼其意志品质的过程。有时，顽强的意志品质对比赛的最终胜利具有决定性的作用。

（2）创造良好的情绪体验

现代篮球运动具有观赏性与趣味性。通过篮球运动的锻炼，能够调节情绪、振奋精神、增进快乐，从而使人变得更加自信、自尊、自强，而且还对神经衰弱等疾病有一定的改善作用。另外，篮球训练能够使队友之间的感情变得更加紧密，交流变得更加频繁，这对于一些不愿与人交往的人来讲，不仅能够改善他们的人际关系，还能够使他们认识、了解到自己的价值。篮球运动还能够使球员在比赛胜利后体会到成就感，并使他们产生振奋、愉悦的幸福感。

（3）塑造健全的人格

篮球运动一方面是群体中个体之间的技巧、智力与身体的直接对抗，另一方面则是群体的竞争。如果想要取得篮球比赛的胜利，需要球员个性鲜明、敢于冒险、有创新性，并善于抓住时机做出正确的观察判断。由此可知，篮球比赛能帮助实现个性的自由发展。另外，篮球运动还能培养球员相互支持与团结一致的意识。

3. 社会价值与功能

（1）影响社会规范

所有参加篮球比赛的人，都必须在比赛规则制约下活动。贯穿比赛的体育道德精神对人的行为规范具有启蒙教育的作用，可以使人们获得对现代社会生活方式的演练与模拟，并且对人们形成文明、健康的社会行为习惯有帮助。

人性中存在着攻击性，而篮球运动能够使人的这种本性得到释放。与此同时，还能够在体育规则与道德精神的约束下，使人们在公平合理的条件下进行攻防对抗，并且依靠智慧与技巧取胜，而不是通过不文明、不道德、不合规的动作

来取胜。

（2）提高练习者的应激水平

篮球运动具有显著的统一性、对抗性与集体性，因此，在比赛过程当中，球员必须具备决断力，并能够做出有效的组合动作。在组合动作的实际应用中，由于比赛情况的不确定性，导致整个组合动作中会有很多不确定的成分。因此，球员必须能够及时做出巧妙的动作以及配合。由此可知，篮球运动能够培养球员良好的心理承受能力、临场应变能力和发挥能力。

（3）增进交往和友谊

篮球运动在全世界范围内都比较受欢迎，因此，其已经成为各国之间交流的重要工具，并且还成了各国、各团体之间建立友谊、理解、信任的方式。不同语言、肤色、国家的人们可以通过篮球这一世界通用的"语言"来进行交流，从而使人们的交往变得更加密切，友谊更加深厚。

（二）篮球运动的特点

1. 集体性

在篮球运动中，只有通过队员之间集体协同配合，才能够出色地完成技战术行动。球员所做的动作，都是需要两人以上的协同配合才能够实现的，因此，球队必须重视全队行动的协调一致性，与此同时，还要注意调动每一位球员的积极性。总而言之，只有集合全队的技能与智慧，发挥出团队精神，才能够获得理想的成绩，而这也是篮球运动的魅力所在。

2. 对抗性

作为一项直接发生身体接触的对抗性运动，篮球的基本特征与规律就是攻守的强对抗。这种对抗表现在诸多方面，比如，无球队员之间的对抗、争夺篮板球之间的对抗、双方球员意志品质的对抗等。通过对抗能够培养人的竞争能力与意识，而这也是现代教育的一个重要组成部分。

3. 综合性

篮球运动的技术动作非常多，而且在比赛中应用的技术都是以组合形式呈现的，加之比赛情况的复杂不定，导致技术组合具有不确定性、随机性与多样性的特征。

4. 变化性

篮球运动是一种攻守快速转换的运动，且转换都发生在一瞬间，从而使得比

赛自始至终处于快节奏中，让观众也处于专注、紧张的状态，充分体现了篮球运动的独特魅力。另外，由于赛场情况变化多端，因此，如果球员采用固定不变的打法是无法取得比赛胜利的，所以需要球员具有善于根据情况随机应变的能力。上述特点充分体现了篮球运动的变化性。

5. 多元性

发展到今天，篮球运动已经成为一门具有较强交叉性的体育课程，并且在运动方面的知识也开始向多元化方向发展。因此，要求球员必须具备特殊的个性气质、生理机能、心理品质、身体条件、运动意识、道德作风，以及团队精神、专项技战术配合方法体系、实战能力等，这体现了篮球运动的多元性。

二、我国高校篮球运动教学的发展趋势

高校篮球教学工作的顺利开展，对促进高校学生身心健康、提高学生团队意识以及创新精神等多个方面都具有重要意义。当前，在新的经济环境之下，我国高校篮球运动教学也呈现出了新的发展趋势，具体如下。

（一）终身体育教学理念的不断深入

高校体育教育作为学校体育的最后阶段，在高校体育教学中起着培养学生养成良好的体育锻炼习惯的作用。对于培养学生"终身体育"意识具有重要作用，能够使人受益终身。应该将体育教育贯穿人的一生，加强对学生终身体育教育理念的灌输，让学生养成良好的体育锻炼习惯，真正做到生命不息，锻炼不止。

（二）素质教育教学理念的不断深入

将素质教育教学理念渗透到高校篮球教学当中，对培养学生理论联系实际的能力具有重要作用。学生在学习篮球技战术的同时，还能够有效促进综合素质能力的全面发展。例如，在篮球实践教学和比赛当中，能够培养学生的团体合作能力、组织能力、反应能力、观察能力，等等。培养学生多方面的综合能力，才能够帮助学生更好地适应社会发展的需求。

（三）高校体育教学趋于多元化

随着体育教学的飞速发展，高校体育教学的目标有了多元化发展，从先前的单纯增强体质和增进健康，发展到了娱乐和个性相结合。教学内容和方法手段也

突出了学生的个性需求，通过多种目标、多种方法来实现高校体育教学的任务，以提高学生的兴趣，使学生更加主动地参加体育锻炼和学习。

（四）篮球教学考核方式趋于多元化

随着"以人为本""以学生为主体"教学理念的不断深入，高校篮球教学考核方式也日趋人性化及多元化。在高校篮球教学评价阶段，逐渐开始根据学生的实际情况制定出与其相适应的考核标准，使得分层考核能够更加灵活、全面。例如，对于身体素质较好、篮球基础较好的学生进行严格考核；对于身体素质较差、篮球基础较差的学生应该适当放宽标准，将学生的进步程度以及学习态度作为考核标准之一，以增强学生的学习自信心。这样能够有效地激发学生的学习动力，从而提高整体的教学效果。

（五）大力发展竞技体育

在近几年各高校之间的篮球交流赛、大学生篮球联赛等大赛的带动下，篮球竞技运动得以积极开展，各高校也根据自身情况组织了校专业球队，学生们的参与性与积极性空前高涨，可以说竞技体育的发展推动了篮球教学改革的有效进行。因此，普通高校篮球教学要根据不同学生的个性需求施教，尤其是对于一些喜爱篮球运动且身体素质较好的学生，尝试按照竞技体育的模式将其培养成体育特长生等专业运动员，这样既提高了他们的技能和体魄，又满足了他们的兴趣需要。所以，在现代高校篮球教学中，既要注重提高普通学生身体素质，又要根据学生个性发展专业运动员，这也是高校体育发展的必然趋势。

（六）积极转变教学观念，深化改革

篮球训练是一门综合性很强的课程，它不仅具备自身独特的体育教学体系和教学理论，还涉及其他社会和自然学科。这就需要我们在教学过程中转变教学观念，在实践中掌握理论知识，提高技术水平，并将理论与实际相结合。同时，要增加与篮球训练有关的辅助课程，激发学生的学习兴趣，提高篮球教学的趣味性和娱乐性，要不断适应新时期的发展要求，丰富教学内容，不能进行简单枯燥的训练。

（七）积极转变"重实践、轻理论"的教学形式

在很长一段时间内，高校篮球教师都忽略了篮球理论。如果体育教师没有出

色的课堂组织能力，学生就处在一种无人管理的状态。对于学生的人身安全都没有具体的保证，更不要说完成教学目标、提高教学质量。一堂体育课的成功在很大程度上取决于体育教师现场较强的课堂组织能力。体育教师的课堂组织能力主要包括队伍的组织集合能力、队伍的调动能力、练习时的组织能力、学生做动作时的保护能力、及时纠正学生动作错误的能力等。

第二节　高校篮球运动教学的任务与内容

一、高校篮球运动教学的任务

（一）制定任务的依据

1. 以学生的身心发展特点和规律为基本依据

在高校篮球教学中，学生的身心发展特点与规律对篮球教学有着非常重要的影响。一般来说，青少年的身体发育都要经历几个敏感时期，在这些敏感期对学生进行篮球运动素质的培养是至关重要的，可以起到事半功倍的效果。相关研究表明，我国国民身体素质发展的高峰期主要是在学生时期，而大学时期尤为重要。因此，在大学阶段加强对学生的篮球教育，不仅可以增强学生的体质，满足学生体育需求，还可以开发学生的心理和智力。在大学阶段，可以制定一个科学有效的篮球教学计划，以此来指导学生参与篮球运动，这也是篮球教学的根本任务与目标。

2. 以学生参与篮球运动的兴趣与能力为依据

在高校篮球教学中，要想提高教学的质量，首先就要吸引学生积极主动地参与到篮球教学之中，激发学生主动学习篮球运动的兴趣。而要激发学生学习篮球运动的兴趣，就要根据学生的身心发展特点和具体实际，合理选择教学内容与方法，由易到难、由浅入深地帮助学生掌握篮球运动知识和技能。

3. 以促进学生综合素质的全面发展目标为依据

在高校中开展篮球教学活动的主要目的不仅仅是提高学生的篮球技能，其中一个非常重要的目的就是培养学生的综合素质。因此，高校篮球教学要将学生的综合素质的发展作为基本依据之一。

第一，在德育方面，现代篮球教学要注重培养学生顽强的意志品质，教导学生要遵循一定的道德规范和准则。

第二，在智育方面，现代篮球教学要培养和提高学生独立发现问题、解决问题的能力，提高学生的智力水平。

第三，在美育方面，篮球教学要培养学生感受美、欣赏美的能力。在制定篮球教学任务时要综合考虑学生身心发展的各个方面，促进其综合素质的全面发展。

（二）制定任务的基本程序

1. 了解教学对象

在制定篮球教学任务前，首先要充分了解篮球教学对象的具体情况。主要了解与分析学生的体能状况、运动技能水平、篮球知识储备等，在此基础上制定出科学、合理的篮球教学任务。

2. 分析教学内容

在制定篮球教学任务前，还要充分了解与分析篮球教学内容的特点与功能，因为篮球教学任务的设定与教学内容之间的联系非常密切，可以说，不同的篮球教学内容具有不同的特点与功能，没有无目标与任务的篮球教学内容，也没有无教学内容的篮球教学任务。

3. 编制教学任务

篮球教学任务具有重要的指引、导向、评价篮球教学活动质量等作用，因此，篮球教学任务的制定至关重要。在具体的篮球教学活动中，要处处体现篮球教学的任务，要依据篮球教学任务组织与开展教学活动。

（三）高校篮球运动教学的基本任务

1. 增强学生的身体素质

良好的身体素质是一个人从事其他工作的重要基础，因此在高校体育教学中，学生身体素质的提高是一个极为重要的方面。篮球运动可以说是一项综合性运动，能有效发展人的跑、跳、投等能力。通过篮球教学，不仅可以全面提高学生的身体素质，而且能够促进学生心理水平的发展与提高。另外，大学生要提高自己的篮球技能，首先要提高自己的身体素质。

2. 提高学生的篮球知识与技能

高校篮球教学一个重要的目的就是使学生学习和掌握基本的篮球知识与运动

技能。其中，篮球知识是学生掌握与提高篮球运动技能的基础和依据，而篮球运动技能中，篮球技术是篮球战术的基础。可以说，篮球运动知识与运动技能之间是相互作用、相互统一的关系，二者密不可分，共同构成一个完整的整体，因此在制定教学任务时要高度注意。

3. 激发学生的创新意识和能力

篮球运动是一项富有创造性的体育活动。在篮球的技战术方面，学生的运动能力具有明显的复杂性、多变性及灵活性。因此，培养学生的创新意识和创造能力是高校篮球教学过程中非常重要的教学任务之一。

4. 培养学生的集体精神和意志品质

篮球运动是一项综合的集体对抗性项目，通过篮球教学能培养学生良好的集体主义精神和顽强的意志品质。

二、高校篮球运动教学的内容

我国主要是以教学对象的层次及其目标作为依据，来对高校篮球教学内容进行选择的。以下三个方面为高校篮球教学的主要内容。

（一）理论知识

对于大学生学习篮球技能与进行篮球活动实践来讲，高校篮球理论知识的教学具有重要的指导作用。

我国高校篮球运动教学，到目前为止已经形成了比较完善的理论知识体系，其具体内容为篮球竞赛的组织、规则与裁判法，教学训练的理论和技战术分析等。通常情况下，经过学习之后，学生都能够熟练地掌握这些理论知识。

（二）技术动作

技术动作是运动技能中最基础的内容，包括技术动作方法要领、规格及运用等。教师在教学过程中需要重视示范动作的规范性，这样才能够让学生形成正确的技术动作定型，并为之后的教学活动奠定基础。

（三）战术配合

战术配合方法是高校篮球教学中很重要的一项内容，因为特定的战术布阵是此项运动集体对抗所形成的主要形式。另外，在篮球运动竞赛中，战术阵势与战术配合是重要特征之一。

在高校篮球实践教学中，全队培养及两三人的基础配合，为篮球配合教学的主要内容，而且在教学过程中，教师需要达到两点要求，具体如下。

第一，应通过合理、有效的方法，来让学生认识与了解人与球移动的攻击点、路线、运用时机及其变化等内容。

第二，应当重视学生的战术配合与协作意识的培养，这样才能够让他们在实战中做到配合默契、灵活。

第三节　高校篮球运动教学的原则与方法

篮球教学是教师组织学生进行篮球运动实践的特殊的教育认知过程。通过篮球教学过程对学生实施全面的素质教育，使学生更深入了解篮球运动的相关知识，掌握篮球运动的方法和技能，进而把篮球运动作为终身体育锻炼、保持健康的方法手段。这一特殊的认识过程本身有其固有的规律，篮球教学只有遵循这些基本规律，才能达到理想的效果。

一、高校篮球运动教学的原则

教学原则是教育客观规律在教学过程中的反映，是在长期教学实践中积累起来的具有普遍指导意义的经验总结和概括，是教学过程中必须遵循的准则。在篮球教学过程中，具体表现为教师应按照篮球教学计划，有目的、有组织、有系统地进行教学，同时紧密结合学生自身的特点以及篮球运动的特点，在启发式、讨论式等教学形式的基础上，因材施教。篮球教学中主要运用的教学原则如下。

1. 自觉积极性原则

自觉积极性原则是指在教学过程中，教师通过各种措施，激发学生自觉学习篮球运动知识的欲望和练习的积极性，从而发挥学生主动性和创造性的原则。为此，应注意以下几点。

① 加强思想教育，使学生明确学习目的，端正学习态度，树立勤奋学习的决心，培养他们顽强拼搏、团结互助的良好学风。

② 根据教学任务和具体条件，严密组织整个教学流程，科学地安排各种技能的学习顺序，使学生充分理解每个技战术的要领、用途、运用时机和动作的变化等，提高学生学习的积极性。

③ 积极引导学生多动脑，勤思考，提高学生主动、自觉分析问题和解决问题的能力。

④ 在教学过程中，多鼓励和表扬学习认真并喜欢钻研的学生。

⑤ 积极钻研教材、教法，注意教材内容的多样性、系统性和实用性，并适当增加一些竞赛性的内容，以提高学生的学习兴趣。

2. 直观性原则

直观性原则是在教学过程中，借助学生已有的经验，丰富学生的感性认识，使学生获得生动的表象，从而更快掌握所学的知识、技能，并培养学生的观察能力和思维能力。

在篮球教学中，直观性原则具有重要的意义。篮球教学过程是学生认识和掌握运动技能的过程。教师正确的讲解示范，有助于学生建立正确的动作表象，对形成正确的动力定型非常重要。为此，应注意以下几点。

① 运用多种直观形式和手段进行教学。运用挂图、图片、图表、观看比赛、电影、幻灯、录像等手段，使学生感知动作的表象以及动作过程中的时间与空间的关系，从而提高教学的效果。

② 生动形象的语言具有直观的作用。教师在讲解、提示、指导时要具有启发性，并能联系学生已掌握的知识、技能，用生动形象的语言，通过分析、比较等方法，使学生较快地理解动作的要领和完成的方法。

③ 在篮球教学过程中还可采用视觉信号（如手势），或利用标志点、线、物等来集中学生的注意力，从而提高教学效果。

3. 从实际出发原则

从实际出发原则是指篮球教学的任务、内容、方法、要求以及运动负荷的安排，要以教学场地、设备、器材、气候等实际条件为基础，力求符合学生的年龄和身体素质发展水平等。为此，应注意以下几点。

① 要深入调查研究，真正了解学生的思想状况、身体条件、技战术特点、个性特征、家庭背景等各方面的情况，以便能采取有效措施，做到既有统一要求，又能区别对待。

② 根据学生实际水平和接受能力确定教学任务，有的放矢地选择与安排教材内容，组织教法，合理地安排运动负荷。

4. 循序渐进原则

循序渐进原则是指篮球教学的内容、方法和运动负荷的安排必须符合人的认

识规律，符合动作技能形成规律和人体生理机能活动变化规律，真正做到由易到难、由简入繁，逐步深入、不断提高。为此，应注意以下几点。

① 在安排教学内容、组织教法时，一般应遵循由浅入深、由易到难、由已知到未知不断递进的原则。同时，还应注意易与难、简与繁、浅与深的结合，对易和难、简和繁、浅和深的把握应结合学生的特点和现实条件全面考虑。

② 教学方法要结合篮球运动的特点，注意教学过程的连贯性和实效性，及时变换教学步骤，使学生由了解到理解，由掌握到运用，逐步提高。

③ 全面系统与重点突出相结合。对篮球教学内容以及教学活动各个环节的安排，既要考虑到系统连贯，又不能等量齐观、平均分配，而应抓住其关键的内容，重点地进行教学，以突出重点带动全面。

④ 运动负荷要由小到大，有节奏地合理安排。随着运动技术、技能的不断熟练，可以逐步增加运动的强度和负荷量。

5. 巩固提高原则

巩固提高原则是指在篮球教学中，以实际应用为最终目的，在学生牢固掌握篮球技战术的基础上再给予一定程度的提高，真正实现从量变到质变的原则。为此，应注意以下几点。

① 在教学过程中要有计划地安排作业，使已经学习的内容能够得到及时复习，尤其是对于教材重点、关键技术还要适当增加复习时间。

② 增加训练时间和练习密度。根据课的任务和要求，在教学过程中尽可能增加学生的练习次数和练习强度，并适当安排教学比赛，提高学生篮球技战术的运用能力。

③ 紧密结合时代发展的步伐，注重知识的更新，不断改进教学方法，甚至创造新的教学方法，使教学内容、方法、手段更具科学性和先进性，更好地促进学生能力的提高。

尽管上述各教学原则具有相对的独立性，但是它们并不是孤立存在的。它们互相联系、互相促进，共同作用于整个教学过程。只有全面综合地运用各个教学原则，发挥教学原则的整体功能，才能顺利解决教学过程中的一系列问题，更好地指导教学实践。

二、高校篮球运动教学的方法

教学方法是指在教学过程中，教师和学生为实现教学目的、完成教学任务而

采取的教与学相互作用的活动方式，是教学过程整体结构中的一个重要组成部分。教学方法的选择直接关系到教学工作的成败。在篮球运动教学中，常用的教学方法有以下几种。

（一）学习指导法

篮球教学中的学习指导法，是指在教师指导下学生学习的方法。主要包括语言法、直观法、预防与矫正错误法等。

1. 语言法

语言法是运用各种形式的语言指导学生学习的方法。在篮球教学中，语言法的正确使用对顺利完成教学目标、提高教学效能有重要的意义。第一能使学生明确学习目标、激发学习动机、实现师生互动；第二可启发学生学习，加深对教材的理解；第三有利于培养其分析问题和解决问题的能力。

（1）讲解

篮球教学中讲解的要求如下。

① 讲解目的明确并具有教育性。教师讲什么、讲多少、怎样讲，都要根据教学的具体目标、内容、要求、教学进程以及学生的实际情况，有的放矢地进行讲解。

② 讲解要生动形象、简明易懂。讲解时要正确使用体育专业术语，广泛采用比喻、口诀、概要等形式生动形象地进行讲解。要注意突出教学的重点、难点、关键，要口齿清楚、用词贴切、层次分明并符合学生的接受程度。

③ 讲解要富有启发性。讲解时教师要善于设问质疑。可通过提问、引导、联想等方式使学生积极思考，使学生看、听、想、练有机地结合，以取得良好的讲解效果。

④ 讲解要注意时机和效果。不同的教学阶段、不同的学生、不同的教材，讲解的方式和时机有所不同。例如课的开始，教师宣布课的教学目标、内容时，语言要精练、果断；在分析动作要领时，对技术的重点、难点可通过手势、语气以及语调的变化，加以强化。

⑤ 注意精讲多练。在教学过程中应根据实际需要，该讲则讲，能少讲不多讲，把更多的时间留给学生自己主动地去学习、练习和体验。这就要求教师除了抓住重点和关键以外，还要放手让学生自己去探索和尝试。

（2）口令和指示

口令和指示是教师以最简明的语言，以命令的方式指导学生学练的一种语言形式。如在队伍的调动、队形的变换时经常采用口令和指示。教师在运用口令指示时，要声音洪亮、节奏分明、发音准确有力。

（3）口头评定

口头评定是指教师根据教学目标和要求，以简明的语言评价学生学练效果、成绩和行为的一种语言法形式。例如学生在练习过程中或练习之后，教师的"很好""有进步"等一句话评价。这种口头评定有利于激发学生的学习兴趣，使学生及时了解自己的不足，提高学习效率。教师在运用此法评价学生时，要准确及时，以鼓励为主，并注意指出学生的主要缺点和不足。

2. 直观法

（1）动作示范

动作示范是指以自身的动作示范给学生观摩，指导学生进行学习的一种方法。动作示范主要有正面示范、侧面示范、背面示范、镜面示范以及完整示范、局部示范，还有常规示范、慢速示范、静止示范等。

篮球教学中动作示范的要求如下。

① 示范要正确、熟练并具有感染力。动作示范的正确性应从两个方面来理解：一是示范动作要符合动作的技术规格和技术要求等；二是动作示范的难易程度、达到的标准、展示的重点以及示范的表示方法等，要以学生的实际需要为依据，不应低于或高于学生的需要。此外，示范做得轻松、优美、具有感染力，能够激发学生的学习动机。

② 示范的方向和位置要利于学生观察。为了使动作示范便于学生观察，教师要正确地选择示范的位置和方向。示范时还应依据实际需要讲究各种示范的"面"。比如：实践中为了显示动作的左右距离，可采用正面示范；为了显示动作的前后部位，可采用侧面示范；对方向、路线变化比较复杂的动作，可采用背面示范；对于动作技术结构简单、学生易于模仿的练习，可采用镜面示范。总之，示范时教师与学生的相对位置，以及要观察的动作面和部位，应以使每个学生都能清楚观察为原则。

（2）教具和模型的演示

教师要根据教学的实际需要选择使用教具、模型，并注意演示的程序、时机，以提高教具、模型演示的直观效果。

（3）视频影像

视频影像是利用电影、幻灯、投影、电视和录像等现代化的电化教学手段进行直观教学的一种方式。借助电化教学的视听工具可以完整、准确地再现和重复动作，对一些复杂的动作还可调控速度或暂停进行分析，这对于激发学生的兴趣、启发其思维并加深对问题的理解具有显著功效。

3. 预防与矫正错误法

学生在学习掌握动作技术时，出现错误动作是正常现象，动作失误也是训练过程中避免不了的。教师要采取合理有效的措施，及时给予预防和矫正，否则就易形成错误的动力定型。因此，教学过程中必须采取有效的措施，对学生出现的各种错误进行预防和矫正。通过分解法解决复杂技术问题，通过诱导性练习以及转移性练习等手段消除学生的紧张情绪；加强基本技术的教学，全面发展学生的身体素质等。

学生错误动作矫正的快慢往往与教师的指导有密切关系，要充分发挥教师在教学过程中的主导地位，对症下药，有的放矢，耐心细致，把预防与矫正法贯穿于篮球教学整个过程之中。

（二）动作练习法

1. 变换法

变换法的特点是练习条件的变换。因此，它可以有效地提高学生中枢神经系统和身体各器官系统间的协调能力、对环境和负荷的适应能力以及练习的积极性和运动技术水平。运用变换法的注意事项如下。

① 要根据特定需要选择和安排变换的条件。

变换什么条件要根据实际需要有针对性地安排。比如：在改进提高运动技术时一般改变技术要素；在提高应用能力时，一般改变环境和条件因素。

② 对变换的条件和内容要做出明确的要求和限定。

③ 用于发展学生体能时，要使运动负荷符合练习的要求以及学生的负荷承受能力。

④ 运用变换法练习时应注意对正确动作的干扰，防止错误动作的产生。

2. 持续法

持续法的特点是练习时间相对较长，一次练习的量较大，强度相对较稳定。因此，运用持续法可使学生心血管系统和呼吸系统的机能得到稳步的提高。运用持续法时应注意的事项如下。

① 控制好负荷强度。在体育教学中，要依据不同教材、季节气候和学生的体质妥善安排运动负荷。如果练习强度较大时，就要缩短练习时间，而当延长练习时间时，练习强度就不能太大。

② 加强医务监督。教师在教学中要善于观察学生练习时所产生的生理、心理反应，及时进行调整。

③ 加强思想教育。由于持续法较枯燥，因此，教学中除广泛采用多种练习组织形式外，应不失时机地向学生进行吃苦耐劳、坚忍不拔的意志品质教育。

④ 培养学生自练、自控的能力。教学中应向学生传授持续法的基本知识及控制与调节运动负荷的方法，使学生自觉而科学地参与练习。

3. 间歇法

间歇法由每次练习的时间和距离、练习重复的次数和组数、每次练习的负荷强度、每次（组）练习的间歇时间和间歇时的休息方式等五大要素构成。根据这五大要素，可组成不同的间歇练习方案。间歇法的主要特点是每次练习之间有间歇，但必须控制间歇时间和休息方式，即机体还没有恢复，就要进行练习且要采用积极性休息方式。因此，间歇法能有效地提高学生呼吸系统和心血管系统的机能。由于间歇法对机体的影响较大，因此，应注意总负荷和局部负荷的安排和控制。

4. 循环法

循环法既是一种练习方法，又是一种教学组织形式。它的主要特点是能有效地增大练习密度和运动负荷。循环法大多用于发展学生的身体素质和机体机能能力，也可用来巩固提高某项主要教材的学习。

（三）一般教育法

1. 表扬法

表扬能增强学生的自信心和自尊心，鼓励学生不断上进，并创设一种积极向上的良好氛围。篮球教学中的表扬法可通过口头称赞、点头、微笑、鼓掌等方式表达。运用时应注意以下几点。

① 表扬要及时。教师要善于捕捉学生身上的"闪光点"，不失时机地给以肯定和鼓励，尤其对于后进的学生，更应给以及时表扬，以增强其上进心和自尊心。

② 表扬要适当。教师对于学生的表扬要实事求是，不要过分夸大。

③ 表扬时要适当指出缺点和不足。

2. 批评法

批评法是对学生的不良行为做出否定的评价，用以克服和改正其缺点错误的一种教育方法。批评能使学生认识到自己存在的不足，明确标准，从而尽快地改正错误。篮球教学中可通过当众批评、个别批评、表情、眼神、手势等方式表达。运用时应注意以下几点。

① 批评学生要从爱护的角度出发。通过批评要使学生明白错在哪里、为什么错、有何危害、如何改正，以使其能尽快改正错误。

② 批评要使学生心悦诚服。教师在批评学生前一定要深入调查情况，弄清事实，有理有节。

③ 批评要注重方式。学生的自尊心较强，最好以表情、眼神及个别批评的方式进行，尽量不要采用当众批评的方式，更不应该采用体罚及经济制裁的手段。

3. 说服法

说服法是通过摆事实、讲道理等说教来影响学生言行的一种方法。篮球教学中的说服法通常采用讲解、座谈、讨论、谈话等方式。运用时应注意下述几点。

① 说教时应观点明确，联系实际，符合学生特点。

② 运用座谈或讨论方式教学时，教师应注意启发诱导，鼓励学生广泛发言，并对问题及时总结。

③ 要注意以事实为依据，以道理作引导，热情耐心地实施教育。

4. 榜样法

榜样法是以模范行为、先进事例等来对学生进行鼓励、教育的一种方法。由于学生可塑性大、模仿性强，所以，榜样对其有很大的感召力。运用时应注意以下几点。

① 篮球教师要以身示教。教师要通过自己的言行举止、教态、修养对学生进行潜移默化的影响，以发挥教师的楷模作用。

② 教学中要善于树立典范。教师要不失时机地表扬先进，树立典型，使学生学有榜样。

③ 运用榜样法时，应实事求是，切忌把榜样特殊化。

5. 评比法

评比法是利用竞赛、检查、评估等方式在篮球教学中对学生的表现、行为进

行比较评价，以鼓励先进、激励后进的一种教育方法。学生好胜心较强，运用评比法可在学生中形成一种你追我赶的竞争氛围，能起到良好的激励作用。教学中进行竞赛评比的内容很多，既可在班与班之间进行，也可在小组或个人之间进行；既可进行组织纪律性评比，也可进行贯彻执行教学常规的评比或行为表现评比等。此外，还可根据情况进行优秀体育班级、优秀体育小组、优秀体育骨干和体育积极分子的评比活动。运用时应注意以下几点。

① 评比要有明确的目的。评比是一种教育手段而不是目的。要通过评比起到一定的宣传教育作用。所以，运用评比法时，对于评什么、怎样评、达到什么预期结果等均要有具体的操作计划。

② 评比要有明确、具体的条件和标准，要利于学生公平竞争。

③ 评比时，要发扬民主，让大家充分发表意见。

④ 评比的结果要及时公布和总结，以扩大评比的影响。

"教学有法，但无定法，贵在得法"。高校篮球专项教学的各种教学方法，在教学实践中常常是结合运用，共同完成教学目标的。任何一种教学方法都不可能是万能的，教师应不断地总结教学实践经验，从实际出发，灵活地运用各种教学方法。

第四节　高校篮球运动教学的开展与组织实施

一、高校篮球运动教学的组织与实施

对于高校篮球运动教学课来说，课堂教学是其最主要的组织形式，在组织和实施篮球教学课的过程中，要对篮球教学课的类型、组织和具体实施这三方面的内容进行明确。下面主要对这三方面内容进行阐述。

（一）篮球运动教学课的类型

所谓课的类型，其实就是指课的种类。从本质上讲，篮球运动教学课的类型对课的功能有着直接决定作用，也就是说，不同的篮球运动教学课类型，具有不同的教学功能。对课的具体分类进行深入的认识，并从中选择最为适合的课的类型，能够有助于教师对各类课的性能进行了解和掌握。要保证在每一节课上都要贯彻教学目标，只有这样才能充分发挥各类课的具体功能，更好地保证整个教学过程的完整性，从而提高篮球运动教学质量和教学效率。

篮球运动教学课根据课的具体性质可以划分为两种类型，分别是教学课和训练课。下面主要就这两种课的类型展开论述。

1. 教学课的类型

我国高校篮球运动教学课主要分为理论课、实践课、考试和考查课、实习课四种类型，具体如下。

（1）理论课

向学生传授篮球运动基本理论知识是篮球运动教学理论课的主要任务。该类型教学课常采用的教学形式主要有讲授课、讨论课、自学答疑课等。在具体实践中，要结合具体情况来进行有针对性的选择。

（2）实践课

向学生传授篮球运动基本技术、战术和比赛等实践内容是篮球运动教学实践课的主要任务。该类型教学课常采用的教学形式主要有技术教学课、战术教学课、教学比赛等。此外，也可以结合具体实际，来选择和运用其他类型的教学课。

（3）考试和考查课

对学生所学的基本理论知识和实践进行考核和评价是篮球运动教学考试、考查课的主要目的。该类型教学课常采用的教学形式主要有口试、笔试、达标、技评、作业和比赛等。

（4）实习课

专门针对学生所学的篮球运动及比赛的相关知识进行实习的教学课，即为篮球运动教学实习课。该类型的教学课常采用的教学形式主要有竞赛组织、裁判实习、教学实习等。此外，还可以根据具体情况来对其他教学形式进行针对性的选择。

2. 训练课的类型

就目前来看，我国高校篮球运动训练课的主要类型包括身体训练课、技战术训练课、比赛训练课、综合训练课、调整恢复训练课、测验课等。下面主要针对这些训练课的主要任务和目的进行阐述。

（1）身体训练课

训练学生的一般身体素质和篮球专项身体素质是篮球身体训练课的主要任务。该训练课的目的就是促进学生运动素质的发展，提高学生的身体机能水平，

从而使学生能够更好地适应较高强度的篮球运动训练和比赛。

（2）技战术训练课

训练学生的篮球运动基本技术和战术是篮球运动技术和战术训练的主要任务。其主要目的是促进学生运动技战术水平的快速提高，以及综合运用技战术的能力。

（3）比赛训练课

针对篮球训练和比赛中的各项能力，对学生进行训练，这是篮球比赛训练课的主要任务。该类型课的主要目的是促进学生运动技战术水平的快速提高以及对技战术进行灵活运用的能力，并提高学生的比赛适应能力。

（4）综合训练课

篮球综合训练课的主要任务是对以上三种训练课内容加以综合的课程。该类型训练课是将多种形式的训练课形式结合运用而形成的。详细地说，就是将各个不同的篮球运动训练内容交替安排，从而更好地促使学生的各项运动素质和运动技能得到积极有效的提升。该训练课的目的是促使学生的身体素质、技战术水平和比赛等方面的综合水平和能力得到快速提高。

（5）调整恢复训练课

对篮球运动训练之后学生身体机能进行快速的恢复和调整是调整恢复训练课的主要任务。该类型训练课主要适用于过渡期，以更好地消除学生的身体疲劳，促进学生体力的快速恢复，从而更好地促使学生提高和保持篮球运动技术水平。

（6）测验课

检测学生的身体素质指标和运动水平指标，是篮球运动测验课的主要任务。该类型课的目的是通过有针对性地检测各个相关的指标，来客观、准确地评估训练水平，这样能够更好地帮助教师有针对性地开展下一阶段的篮球运动教学工作。

（二）篮球运动教学课的组织

1. 篮球课组织的要求

（1）加强学生的理论知识学习

第一，加强学生的思想政治教育。在对篮球运动教学与训练的任务和目的进行明确之前，一定要对学生的思想政治教育给予充分重视，充分调动学生参与篮球运动学习和训练的积极性，以进一步提高学生的责任感和荣誉感。

第二，重视学生良好品德的培养。在教学过程中，教师要始终坚持全面贯彻党的教育方针，对学生顽强的意志品质和高尚的思想道德进行培养，这是作为一名优秀的学生所必须具备的素质。

第三，要根据每个学生的个体差异和实际情况，来选择适宜的方法和手段，向学生传授篮球运动的基本理论和技术，来不断提高他们的各种实际能力，增强学生的体质，增进健康。

另外，每一次课都要承上启下，课与课之间要相互联系，只有如此，才能更好地保证教学的系统性和完整性。

（2）加强学生的实践练习

第一，合理选用训练方法。篮球运动教学具有自身的特点，只有在组织方面采用有效的措施，才能保证教学任务得以顺利完成。但由于在客观条件方面存在差异，这就造成了所采取的措施也不尽相同。比如，有的学校，场地、器材少，班级的人数又多，这就要求在组织练习时，坚持从实际出发，灵活采用各种练习方法，在保持一定运动量的基础上，来达到调动和提高学生积极性的目的。

第二，加强学生的合作意识和集体意识的培养。作为一项对抗性、集体性的运动项目，篮球运动练习和比赛中，学生常常会出现一些思想和作风的问题以及违反纪律的问题等。这就要求在篮球运动教学中，要重视学生思想方面的教育，对学生的思想和作风严格要求，禁止学生出现负面的行为，以保证在和谐、合作的环境中开展篮球运动教学课。

2. 篮球课组织的手段

篮球课堂教学的组织与管理主要是通过以下几个基本手段来实现的。

（1）课堂常规

课堂常规是进行课堂管理的重要依据，对教师和学生都有着相当的约束力。教师在篮球运动教学课管理中，应对课堂常规管理给予高度重视，并根据相关规定，严格制定学生的课堂考勤、语言行为等，并始终贯彻执行。此外，对于课堂常规的相关规定和要求，教师也要严格遵守。

（2）课的结构

课主要是由准备部分、基本部分和结束部分共同构成。篮球运动教学课在遵循课堂教学客观规律的基础上，要针对课时结构顺序采用不同的管理方法和措施，以避免出现课程混乱现象。此外，在面对突发事件时，也要采取果断而有效的措施。

（3）发挥学生干部的作用

在对班级进行组织管理时要注意采用一定的方式和方法。对于教师来说，班干部和技术骨干是其进行课堂管理的得力助手，要精心培养，在班级里帮助他们树立威信，为提高他们的组织管理能力创造有利条件，从而真正发挥助手的作用。

在篮球运动教学中，由于练习相对较为分散，教师在进行管理和照顾学生方面存在较大的难度，这就需要教师培养一些学生骨干，以协助进行分组练习。在小组中，学生骨干能够起到带领、组织、帮助小组同学进行练习的作用。这样既能够帮助教师顺利开展教学活动、完成教学任务，同时又能够促进学生骨干进一步提高分析、组织和管理能力，提高他们发现、分析和解决问题的能力，从而为我国篮球运动事业的发展培养和输送更多的优秀人才。

（三）篮球运动教学课的具体实施

在具体实施篮球运动教学课的过程中，要对篮球运动教学课的结构进行合理安排。所谓课的结构实施，是课堂教学与训练的内部组织形式，具体是指课的组成部分以及进行的顺序和时间的分配。掌握和运用课的结构理论有着非常重要的意义和价值，既能够帮助教师对教学训练的程序进行合理的规划和操作，科学分配教学训练的时间，对教学、训练活动进行合理、有效的调节，对教学内容进行严谨的组织，促使教学课堂更加紧凑，同时还能够保障教学任务在规定的时间内得以有效完成。

1. 理论课的具体实施

课堂教学是高校篮球运动教学理论课主要采用的形式。这种授课形式，主要是以教师的讲解为主，同时再适当安排一些课堂讨论，以更好地激发和调动学生的学习兴趣。理论课教学的具体实施步骤如下。

第一，教师通过讲述或提问的形式，引出上一次课的教学内容，为本次新授课的教学内容做好准备。

第二，在教学过程中，教师要对本次课的重点和难点反复进行论证，从而达到促使学生强化记忆的目的，更好地理解和掌握本次课的主要教学内容。

第三，在教学结束时，对本次课的主要内容简明扼要地做出总结，并对本次

课的重点进行归纳，同时布置一些课后作业，向学生宣告下次课的教学内容。

（1）篮球运动教学不同理论课的类型结构

通常来说，篮球运动教学理论课主要分为新授课和复习课两种。

① 篮球新授课。新授课的结构主要包括组织教学、导入新课、讲授新课和布置作业四部分。其中，讲解本次课的新授内容是非常重要的核心环节，教师常常会在这一部分花费更多的时间和力气。对于这一部分，教师单纯用来进行讲解的时间要占到 13％～15％。如果讲解时间过长，就会对学生的练习时间造成影响，难以获得理想的教学效果。

② 篮球复习课。复习课的作用主要是帮助学生对已学知识进行巩固，进一步强化，加深理解，并做到融会贯通。复习课主要包括三个方面：一是组织教学，提出本次复习的目的和具体要求；二是采用多种方法来进行复习；三是做出小结。

（2）篮球理论课的实施目的

促使学生掌握篮球运动基本的理论知识是开展篮球运动教学理论课的主要任务，其内容主要包括篮球运动发展及趋势、篮球运动的技术和战术基本理论以及篮球运动教学、训练、裁判、组织竞赛的方法等。

对于学生来说，在篮球运动教学理论课中，通过对篮球运动基本理论知识的学习，学生要达到理论指导实践、理论联系实际的目的。

（3）篮球理论课的实施要求和建议

针对教学大纲的具体任务和要求，教师在篮球运动教学理论课中要采用课堂教学的形式来完成。一般情况下，教师讲授是篮球运动教学理论课的主要形式，同时也会适当安排一些课堂讨论。详细步骤如下。

① 对于上一次篮球运动教学理论课的教学内容，教师要采用讲述或提问的方式来引导学生进行回顾，为本次篮球运动教学理论课的内容做好学习准备。

② 对本次篮球课的理论内容进行重点讲述，教师在此过程中要反复地论证本次课的重点和难点。

③ 针对篮球课的新、旧内容，教师要采用提问、作业等形式来帮助学生进一步强化，以帮助学生更好地理解本次篮球运动理论课的主要内容。

④ 在本次篮球运动理论课的结束部分，教师要简明扼要地总结和归纳本次课的知识点，并布置课后作业，向学生介绍下次篮球课的教学内容，让学生提前进行预习。

⑤ 在篮球运动教学理论课方面，教师需要提前编写好篮球教学所使用的讲稿，并对篮球课上所需要讨论的题目进行设计，同时还要对课上所要使用的篮球运动教学辅助器材进行准备，如模型、挂图等直观教具。

2. 训练课的具体实施

在组织篮球运动教学课的过程中，教师发挥着非常重要的作用。为了使篮球运动教学课组织得更加科学，在组织训练的过程中，首先要做到严于律己，以身作则；其次还要做到态度诚恳、热情，能够与学生进行良好交流和互动，成为交心的好朋友，这就要求教师在关心学生的技术水平之外，还要对学生的日常生活、思想活动和作息进行关心；最后，除了要做好一个称职的鼓励者、教育者之外，还要做一个虚心受教的受教育者，对于学生反馈的意见和建议要虚心听取，将学生的真实想法和需要结合起来，集思广益，同时也要将自己的想法、意图和要求告知学生，使之成为学生自觉、自律的行为，只有这样才能促进篮球运动教学效果。

对于篮球运动训练课的组织，必须要给予充分的重视，这主要是因为通过上好训练课，能够更好地完成训练计划，提高学生的训练水平，并贯彻好科学系统的训练原则。根据教学大纲的具体任务和要求，来对训练课的内容、顺序、要求和进度做出合理的安排，这就要求教师必须把握好教学大纲的精神和思想。训练课不是随意而为的，而是以学生运动员的心理和生理特点、篮球运动的特点以及运动规律为主要依据而有针对性地进行的。

3. 观摩讨论课的具体实施

与其他类型的篮球课程相比，篮球观摩讨论课有着更为灵活的形式，其主要目的和任务就是促使学生的表达能力得到提高，并发展学生的分析和观察能力，以使学生的创造性思维得到激发。这种形式主要在进行篮球运动规则与裁判法以及进行篮球运动技战术分析等教学时采用。

在组织开展篮球运动教学观摩讨论课之前，教师要将观摩的内容、观察重点和需要解决的问题以及纪律等方面的具体要求向学生说明。观摩对象既可以是一次篮球课或篮球比赛，也可以是有关篮球运动技战术的录像片或电影等。在观摩的过程中，要求学生做好笔记，将自己的体会和感想予以记录，并提出疑问，为接下来的讨论做好准备。

在观摩讨论的过程中，教师要做引导性发言，围绕本次课的议题，组织学生进行民主式的发言。对于不同的意见，要给予学生鼓励，以开展激烈的讨论。

在篮球观摩讨论课结束时，教师应做总结性发言，对讨论的问题和学生的讨论情况进行评述。未能得出结论的问题可以留待下次课上或日后继续进行探讨。

4. 篮球实习课的具体实施

篮球运动实习课的主要目的是促使学生篮球运动学习和训练能力、组织竞赛能力以及裁判水平得到不断提高。

在实习开始时，对于参与实习的人数，教师要进行检查和确定，并指导学生做好准备工作。

在实习过程中，教师要做好观察和记录工作。

在实习结束时，针对学生的具体实习情况，教师要做出及时的评价，同时也可以鼓励学生参与实习课的讨论和讲评。所有参与实习的学生要写出实习总结。

二、高校篮球运动教学课的实践指导

体育教学过程涉及备课、课堂管理和课后总结，下面分别对这三个方面的教学实践进行阐述，以便为教师提供科学理论指导。

（一）备课

对于教师来讲，备课是其必做的功课。在备课的过程中，教师要做好以下几个方面。

1. 认真钻研教材

通过对教材进行认真钻研，能够更好地帮助教师把握篮球运动教学课的内容，并根据学生具体实际来选择适宜的教学内容。详细地说，教师应做好以下几方面工作。

① 对篮球运动教学大纲进行研究，并根据本学科的教学总目标以及各个单元、本次课的具体教学目标来更好地学习和领会篮球运动教学的基本要求，准确把握篮球运动教材体系的深度和范围。

② 对于篮球运动不同的教学内容，教师要进行有针对性的筛选，并同时研究所选定的多项教材中的重点和难点，以及前后的联系，做好总结工作。

2. 深入了解学生

在篮球运动教学中，学生是其主体。在篮球运动教学课实施的过程中，只有做到课堂教学活动与学生的具体实际和需要相符合，才能促进学生更好的发展。

这就要求教师要全面了解学生，包括学生的身体健康、基础知识、运动能力水平、认知能力、个性特征、学习态度、兴趣需要等。

3. 选择教学方法

在进行篮球运动教学备课的过程中，教师要根据篮球运动教学的任务要求、教材的具体性质、学生的具体实际以及现有的场地器材条件等，对篮球运动教学中所使用的课堂教学方式进行合理的设计，并确定好篮球运动教学活动的具体类型和结构。

4. 正确编写教案

这里所说的教案，其实就是课时计划。教案是对每一堂课具体深入的教学准备，同时也是对师生课堂上预期的教学活动的描述和设计。备课的最终结果就是编写教案。在了解教学对象和钻研教学内容的基础上，教师通过教学组织设计来编写教案。对于体育教师来说，教案是其进行体育课堂教学的直接依据。

一个教案的完整内容主要包括以下几个方面：教学目标、教学内容、教学方法、本节课教学重点、运动负荷以及场地器材等，有的教案中还有课后记录等。

在教案编写过程中，为了更好地保证教案的可行性和质量，教师必须重视以下几个方面。

① 教案的编写要以教学大纲的具体要求和学校的相关规定作为依据。

② 体育教师要对学生的具体实际情况进行如实详细的记录，如体育基础、体育骨干、伤病情况等，同时要考虑到场地、器材的实际情况等。

③ 教案的编写必须要符合规范，在详略程度方面要做到合理。

④ 在备课时，要做到语言精练、准确，正确运用教法。

5. 设计教学过程

教学过程既是一个比较特殊的认识过程，也是一个能够促进学生发展的过程，是为了能够保证体育教学目标的顺利实现而计划和实施的。

（1）篮球运动教学过程设计的原则

在对篮球运动教学过程进行设计的过程中要遵循以下几个原则。

① 发挥教师主导作用原则。在篮球运动教学中，体育教师是信息的传递者，教师在篮球课堂教学中除了对信息进行编码、讲解内容之外，还要发挥主导作用，由对知识进行单纯的讲解转变为对学生掌握的知识内容进行引导，使学生能够自行、主动地获取知识和培养能力。

② 以学生为主体原则。以学生为主体主要表现为，充分发挥学生的学习

积极性，使他们能够拥有更多的参与机会，使师生之间的双边活动活跃，促使学生从过去的被动接受知识转变为主动获取知识。

③ 体现篮球教学方法原则。篮球教学方法是为了更好地实现学校篮球运动的教学目标体育教师和学生共同采取的方式。它主要包括体育教师教的行为和学生学的行为。在选择篮球运动教学方法时，必须要考虑篮球运动的专项特点、学生特点、具体的教学目标和所选用媒体的特点。

④ 教学媒体优化原则。要想在篮球运动教学过程中充分发挥教学媒体的系统功能，就必须将多种媒体进行组合，形成一个更为优化的结构，这就要求篮球运动教学要考虑各种媒体的优化组合，使它们各施所长，互为补充，相辅相成，为提高学生的学习兴趣服务。

⑤ 遵循学生认知规律原则。在对篮球运动教学过程进行设计时，必须遵循学生的认知规律，只有与学生特有的认知水平相符合，才能获得满意的教学效果。随着年龄的增长以及知识经验的积累，学生的认知能力也会随之提高，教师在篮球运动教学设计的过程中要充分考虑这一点。

（2）篮球教学过程的设计

教学过程的表述采用类似于计算机流程图的形式，把复杂的教学过程分解为相对简单的几个环节，将教学过程中各个要素之间的关系很好地显示出来。这既能够对教学过程进行优化，同时还能够保证教学过程有序开展。大多数体育教学内容的操作过程都可以使用流程图来表示。其中练习型、示范型、探究发现型是教学过程设计常用的三种形式，具体内容如下。

① 练习型。这种类型的教学过程主要以篮球运动技能的练习为主，在具体操作过程中，教师需要借助于媒体或进行动作示范，将动作的路线、结构等主要动作要领以及动作变化发展过程传授给学生，学生观察和模仿动作练习。

② 示范型。对于那些需要进行运动实践的体育教材内容来说，示范是在设计体育教学过程中所必不可少的手段和途径。示范教学过程在篮球运动教学中有着非常广泛的应用，该类型的教学过程能够将篮球运动教学以身体活动作为主要形式的学科特点充分体现出来。

③ 探究发现型。探究发现型在篮球运动教学中主要用来组织学生进行观察、思考、探究原因、寻找规律等，这是教学生学会体育学习的主要教学方法。这样能够使学生的学习主动性和积极性得到充分激发和调动，更好地培养学生发现问题、探究问题、解决问题的能力。

在对篮球运动教学过程进行设计的过程中，教师要在对教学内容的特点以及

学生对篮球运动基本理论和技能的掌握情况进行充分考虑的基础上，结合具体的课堂教学目标，来合理选用和设计符合学生学习和发展需求的教学过程。

6. 准备场地器材

对于体育教学活动来说，场地器材是基础。篮球运动教学同样也离不开教学场地、器材、设备，这些都是开展篮球运动教学活动非常重要的资源。在组织开展体育课前，体育教师要准备好课上所使用的器材、场地，这是上好体育课必要的物质保证。此外，针对场地和器材，教师要认真规划场地，并科学布置器材。

（二）课堂管理

通常来说，篮球运动教学是学生学习篮球运动基本理论知识的重要途径，因此对篮球运动课堂教学加强管理有着非常重要的意义。下面就篮球运动教学课堂管理进行详细阐述。

1. 课堂管理的目的

对于高校篮球运动教学课来说，有着非常明显的课堂教学管理目的，主要体现为：向学生传授篮球运动文化、基本理论知识、技战术和机能等，同时培养学生参与篮球运动的兴趣、积极性和主动性，进一步提高学生的活动能力和身体健康素质，培养学生的终身体育观念和意识，以为社会培养全面素质的人才。

2. 课堂管理的要求

进行篮球课堂教学管理需要做到的一些基本要求，具体来说，主要涉及以下几个方面。

（1）突出篮球教学管理特色

篮球运动教学管理应突出以下几点。

① 思想管理方面，要将学生需要与社会需要、育体与育心、校内体育教育与社会终身体育有机结合起来。

② 教学内容管理方面，将文化性与健身性、知识性与实践性、灵活性与统一性、民族性与国际性有机结合起来。

③ 教学宏观控制方面，将统一要求与分类指导、业务督导与行政管理有机结合起来。

④ 体育教学评价方面，将基本评价与特色评价、专题结合起来。

⑤ 教学过程管理方面，将以情导教与以理施教、教师主导与学生主体、活

泼的教学气氛与严厉的课堂纪律、培养刻苦精神与激发学生兴趣结合起来，从而培养出高素质、全面型的篮球运动人才。

（2）加强教学管理的科学性和专业性

篮球运动教学活动包含了很多内容，并且非常复杂，也具有非常强的专业性。因此，在篮球运动教学过程中，体育教师要准确把握好篮球运动教学机制，并进行渗透化管理，同时还要定期或不定期地检查篮球运动教学管理的效果，从而建立起科学有效的篮球运动教学管理机制。

（3）检测篮球教学的质量和效果

对篮球运动教学课堂加强管理，其目的就是促使篮球运动教学的效果和质量得到有效提高，它要求既要在整个篮球教学活动过程中进行落实，同时还要在高校篮球运动教学管理的所有环节进行有效落实。

此外，体育教师在篮球运动教学过程中要充分发挥自身的管理主体作用，控制好其他的教学因素，以保证篮球运动教学活动顺利开展。

3. 课堂教务管理

（1）编班

编班是高校篮球运动教学中进行教学管理的重要内容之一。篮球运动教学要参与到具体的编班过程中，并且要将篮球运动专项的特点和学生的学习与发展要求充分体现出来。此外，编班要结合每名学生的具体实际来进行。

具体来说，在篮球教学课程的编班过程中，应对以下事项引起注意。

第一，混合编班是我国目前高校所采用的主要形式。在进行混合编班的过程中，学校要针对各班体育基础好与差的学生以及男女学生比例尽可能地安排妥当，以更好地保证学生得到共同发展。

第二，在编班的具体过程中，要重视不同学生的合理搭配，以保证能够顺利开展篮球运动教学活动。

第三，在编班的过程中要对每个学生的篮球技能水平和运动基础进行充分考虑，以合理分配不同班级的学生。

（2）安排课表

在安排篮球教学课表时，为了保证课表的可行性和合理性，需要对以下几个方面引起注意。

第一，作为一项教学活动，篮球运动教学主要是以肢体活动为主，这就需要学生能够在活动中保持高度的注意力。因此在对篮球运动教学课表进行安排时，最好将课安排在上午的第三节或下午。

第二，要将每个班每周各个体育课之间的时间间隔控制在合理的范围之内。在安排篮球运动教学课时，还要对其他体育项目的课程时间进行安排。

第三，如果教学的进度相同或者内容一致，可将不同的班级统一起来上课，但是，要对一次课教学的人数进行有效的控制。

第四，对场地器材进行有效的布置和使用，同时还要注意做好器材的保养工作。

（3）有效控制课堂教学

体育教师既是篮球教学中的教学者，同时也是管理者，在篮球运动教学课堂管理方面，体育教师的主要工作包括建立课堂常规，做好思想政治工作，调动学生的积极性，合理分组，运用多种教学方法和手段，掌握好运动密度和强度，使用运动场地和器材，采用各类安全保护措施，以及确定教师和学生的服装要求等。

篮球运动教学目标的顺利实现是以篮球运动课堂教学活动顺利开展为前提的，这也是整个篮球运动教学计划得以完成的重要基础。这就要求体育教师要高度重视篮球运动课堂教学的控制。

必须引起重视的是，篮球课堂教学文件的制定对篮球教学实践起着积极的导向作用，而在篮球教学的实践过程中，已经制定完成的教学计划常常会和教学的实际情况产生矛盾。例如篮球考核课某一考试标准可能定得有点高，使得很大一部分学生都不能及格；或者在篮球教学过程中出现了场馆器材条件不能使教学需要得到满足的现象，或者由于某些客观原因使得某一个单元的篮球教学课产生多次连续的缺课，造成教学计划无法按时完成或者无法保质保量地完成。这些问题都会在一定程度上阻碍篮球教学活动的开展，这就要求体育教师在篮球教学过程中要及时发现上述问题并及时控制篮球课堂教学中产生的各种矛盾，以便于合理安排篮球课堂教学活动，使篮球教学课程顺利开展。

在教学中，上课是教师开展教学和学生学习知识最为重要的形式，高校管理者要对体育教师提供相应的支持，以更好地促进体育教师顺利完成上课管理。

在目前的学校体育教学管理系统中，要充分发挥控制职能必须将一定的机构作为基础，但控制机构在体育课堂教学控制过程中并不是单独存在的，与体育教学部、器材室、教研组等组织机构是同一个。但这样做，会造成一个组织机构承担了过多的职能，这在体育课教学控制方面会造成一定程度的阻碍。这就要求高校相关管理部门要像其他文化课程一样给予体育课教学同样的支持和关心并提出

相关要求。高校相关部门及领导应积极主动地深入课堂，对体育教师的教学情况进行充分的了解，使对体育课的检查与督导力度进一步加强，同时，应积极组织一定的示范课、公开课、研究课等课型，并进行积极的探讨。对于体育课，高校要尽可能地提供必要的条件，以为体育教师创造良好的教学环境，以使体育教师能够更好地解决教学过程中所遇到的各种问题，进一步促进教学水平快速提高。

具体到篮球运动教学课的管理来讲，对篮球课堂教学的控制一定要职责明确，责任到人，充分发挥教师在篮球教学管理和篮球教学过程控制中的作用，给予教师一定的管理权力和管理弹性。

4. 教学训练管理

（1）个人训练管理

个人训练的主要目的是提高学生对篮球技战术的掌握和熟练程度，进一步改进个人技术动作的缺点和不足，发展各项运动素质和能力。个人训练是集体训练的补充和辅助，通过学生进行独立思考和反复实践，以更好地领悟篮球运动技战术的规律和运用技巧，并逐步形成自身的技术风格。此外，需要注意的是，在安排个人训练时，要结合学生的具体实际、教学目的和教学任务等进行有针对性的安排，以保证获得更为理想的训练效果。

（2）班级训练管理

一般来说，学校的班级体育锻炼实行的是以班为单位分成若干小组的形式，这些小组在班干部和锻炼小组长带领下开展具体的体育训练活动，这就要求班主任和体育教师合理指导并管理班级体育训练，使班级体育训练取得良好的效果。

目前，在时间、内容、生理负荷和组织等方面，班级体育锻炼都提出了很多具体要求，这就要求在组织班级篮球运动教学训练以及选择篮球运动教学内容时，要将其与训练结合起来，以保证学生学习的有效性。

对于学生来说，早操是其训练生活的一个重要环节。其主要作用是消除身体疲劳，增进健康，并在生理和心理方面为当日的训练任务做好准备。此外，还能够进一步增强运动器官的发展，对技术动作进行强化和改善。在早操内容选择方面，教师可以考虑将篮球运动的一般体能训练纳入其中，鼓励学生积极学习篮球，具体要根据训练任务、目标、客观条件以及学生的实际情况等进行有针对性的选择和运用。这里需要注意的是，要合理安排适宜的早操运动时间和运动负

荷，否则会影响学生学习以及后续篮球教学课中的专项运动训练。

5. 意外事故管理

篮球教学是以身体练习作为主要内容的，这就造成教学过程中很难避免一些运动损伤和运动疾病，甚至一些意外伤害事故的发生。这要求教师在教学过程中要加强对学生意外伤害事故的管理。

当发生意外事故时，教师要做出正确的判断并实施相应的抢救措施。轻伤者可送医务室治疗，重伤者或者生命危险者应立即转送医院抢救并及时通报。

当学生出现重大的意外伤害事故时，教师要将伤害事故发生的时间、地点、原因、后果与处理措施等具体情况及时汇报给学生家长、学校领导和当地派出所或有关部门，并填写相关的意外伤害事故报告。填写的报告内容要实事求是，必要时提供相应的人证、物证。如果出现意外死亡情况，最好请当地的法医出具鉴定报告。

（三）课后总结

1. 课堂情况总结

对课程的任务完成情况进行总结是课后总结最为首要的工作，这主要包含以下内容。

第一，对本次篮球教学课的任务完成情况、教学内容完成情况、课堂组织的合理性、内容安排的合理性、时间分配的可行性等进行总结。

第二，对在本次篮球教学课中教师的执教情况进行总结，并对教师的教态、讲解示范效果、教学方法以及对完成课的任务得失进行分析。

第三，对本次篮球教学课中学生的学习情况进行总结，内容包括学生是否按教师的要求完成了计划规定的练习内容，掌握知识、技术、技能的有效程度如何，有多少学生能初步学会或基本学会并掌握所学内容。

2. 发现教学问题

（1）教师的自我评价

客观、全面地评价教师在篮球教学课中的具体表现，在进行具体评价过程中要考虑以下两个方面。

第一，是否合理地组织队列、调队。

第二，在讲解和示范动作中是否存在问题，包括示范位置、教学进程、内容

顺序、对错误动作纠正等，有哪些没有解决的问题。

（2）对学生的评价

在评价学生的过程中，能够找出篮球教学课中存在的不足和问题，具体内容如下。

第一，在课堂上，学生练习的积极性、组织纪律性。

第二，在练习中，学生普遍存在的问题和个别存在的问题。

第三，学生的接受能力以及掌握和理解能力等。

3. 提出改进对策

第一，针对篮球运动教学的内容、形式、手段、练习方法等方面，要广泛地收集和分析意见，为接下来的篮球运动教学提供参考依据。

第二，结合课的时间分配、练习强度、课的密度等方面，以及学生课上的表现来进行分析，为接下来的篮球运动教学提出改进设想和对策。

第三，结合教师讲解、示范动作、示范位置对学生学习效果的影响，为更加充分地发挥教师的主导作用提出改进措施。

第四，对于本次篮球教学课的内容，要分析学生的认识、理解、学习情况，为能够更加合理地安排篮球运动教学内容提出良好的建议。

basketball

第二章

多维视角下的篮球教学探索

我国体育教学的深入改革对篮球教学事业提出了越来越高的要求，因此应该从多维视角出发对篮球教学进行深入研究与科学探索，从而不断提高篮球教学质量，推动篮球教学事业的发展，并为其他体育项目的教学改革与创新提供良好的借鉴与参考。本章主要在多维视角下研究与探索篮球教学，主要包括四个科学而先进的教学视角，分别是分层教学视角、拓展训练视角以及掌握学习视角。

第一节　分层教学视角下的篮球教学

一、篮球分层教学的含义

篮球分层教学指的是在篮球教学中教师以学生的个性差异、兴趣能力差异、篮球水平差异等实际情况为依据展开针对性教学。在篮球教学中，每个学生都有自己的个性，能力水平也有不同，对此，教师必须做到区别对待，因材施教，采用不同的篮球教学方式进行有针对性的教学，从而让不同能力的学生都能有效掌握篮球知识与技能，促进篮球教学效率和实际效果的提高。在分层视角下进行篮球教学，还要求在篮球教学考核中，以学生的不同层次水平为依据对考核难度进

basketball

行不同的设置，将主次和逻辑关系分清，以充分发挥分层教学的作用，切实提高篮球教学水平。

二、篮球分层教学实施的基本思路

在篮球课堂上实施分层教学，首先要确定一些测试指标，依据测试结果对学生进行分层，组建不同层次的合作小组，然后通过设定不同层次的目标、依据目标分层教学、引导小组合作练习等环节开展篮球教学工作。

（一）学生分层

学生分层主要指的是对参加篮球课的学生分层，教师可从学生的身体素质、学习态度及篮球技术成绩等几方面将学生分为 A、B、C 三个层次。A 层学生的特点是学习主动性高，篮球基础扎实；B 层学生的特点是学习具有主动性，篮球基本功不太扎实；C 层学生的特点是学习不自信，篮球基础薄弱。

分层主要是为了对学生的基本情况有更好的掌握，并针对不同层次学生的特点设定不同的教学目标和要求，从而有序授课。分层后的小组设定主要是为了促进不同层次学生之间的互动，这样一来，教师因分层教学而照顾不到全面的问题就得到了一定的解决。此外，篮球基础薄弱的学生在篮球基础扎实的学生的带动下也能够取得明显的进步。

（二）教学分层

篮球教学分层主要体现在以下几个方面。

1. 备课分层

教学分层的第一个环节是备课分层，备好课是上好课的重要保障。备课分层具体包括教学目标分层、教学内容分层、教学方法分层以及教学辅导分层等。为了更充分地备课，篮球教师需要在查阅文献、咨询专家、现场观摩分层授课等方面下一番功夫。

为了促进每个层次学生篮球综合素质的进一步提高，在教学目标设置上不能采用传统的"一刀切"方式，而应在正确把握总体教学目标的基础上设定分层教学目标。针对上述三个层次学生提出的教学目标具体如下。

（1）A 层教学目标

对教学大纲要求的篮球知识与技能能够熟练掌握，对拓展性的一些篮球知识与技能能够有所掌握，对所学篮球技战术能够熟练应用。

（2）B层教学目标

对教学大纲要求的篮球基本知识与技能能够掌握，对所学篮球技战术能够较为熟练地应用。

（3）C层教学目标

对教学大纲要求的篮球知识与技能能够基本掌握，在篮球应用上有所进步。

2. 授课分层

在整个教学分层中，授课分层是重点环节，这个部分也是最难掌控的。在篮球分层教学中，既要将教学的整体性把握好，又要将教学的层次性把握好；既要将学习能力好的学生照顾到，又要对学习基础薄弱的学生给予较高的关注。所以，教师应以篮球基础性知识与技能为起点进行授课。为了衔接好教学的整体性与层次性，应在内容递进、方法分层、难度分层等方面做好工作。

以篮球投篮为例，首先是学习基础性的投篮动作，这是三个层次的学生都需要掌握的。然后以此为基础，指导A层学生在不同角度练习投篮，巩固B层学生在选定的一两个点练习投篮，辅助C层学生在一个固定的位置练习投篮。在难度分层与内容分层的基础上，再引导三个层次的学生进行小组合作式投篮练习，A层学生辅助B层和C层学生，或者B层学生辅助C层学生等，从而使各个层次的学生的投篮技术与应用水平都能得到提高。

在授课分层中，因为学生经过一定时间的学习，能力水平会有相应的变化，如B层和C层学生取得一定的进步，对于原本就进步显著的学生，原有ABC小组组合不变，提升学习内容的难度只是针对已经进步的B层或C层学生，促进这两个层次学生的篮球水平不断提升。

3. 评价分层

评价分层即以三个层次学生的基本情况为依据采用不同的标准进行评价。

（1）A层评价

评价标准高，以促进学生对篮球知识与技能的熟练掌握。

（2）B层评价

以学生对篮球基础知识与技能的掌握为起点，评价标准略有难度，以此来激励学生，使学生通过努力达到标准，获得成就感。

（3）C层评价

评价标准难度较低，通过达标评价激发学生学习篮球知识与技能的积极性。

三、篮球分层教学的实践应用

(一)建立完善的分层标准

1. 对相关规律有深刻的把握

要深入认识篮球教学规律和学生身心发展规律，对不同特点学生的学习规律有正确的把握。青少年学生的个体差异不仅体现在身体素质、篮球技术方面，还体现在非智力因素方面，而这些差异是有规律性和自身特征的，在分层教学前期需要全面了解学生的这些特性与差异，对每个学生的基本特点有所掌握，建立学生档案，从而正确把握分层教学的大方向，同时在小方向上灵活进行动态调整，以构建与学生身心发展特点相符的篮球分层教学模式。

2. 善于从实践中总结有效的经验

现阶段，在篮球分层教学的实施过程中，同质化问题在学生分层环节上普遍存在。为了对分层教学在篮球教学中产生的影响有更全面的了解，教师应打破传统思维的束缚，对学生年龄、性别、语言表达、人际关系、篮球学习能力等方面的差异都要有所掌握，要从教学实践中对能够产生积极影响作用的措施加以总结，深入分析分层教学的负面影响因素，特别是要挖掘潜在影响因素，通过个案访谈、对比分析等方式展开细致而深入的研究，从而为更好地采取分层教学模式奠定基础。

3. 对其他学科分层教学的经验加以借鉴

当前，物理、化学、英语以及体育其他项目的课程教学中都在采用分层教学法，分层教学在这些学科教学中应用的突出特点是利用学生的层次性促进学生互助合作，提升教学效果。分层教学方法在其他学科或者其他体育项目教学中应用的分层标准和依据可以被引用到篮球教学中。正确把握分层标准和依据，分析分层教学的规律，深入了解学生的基本情况，在篮球分层教学划分的依据和标准中融入有利于提升篮球教学效果的要素，充分实践，从而对教学效果进行检验。正因为学生的学习规律具有一定的共同性，所以才能在各学科之间相互参考借鉴，但每个学科都有自己的侧重点，通过对各学科差异的分析，对有利于篮球分层教学的内容加以提炼，可以使潜在不良因素造成的负面影响降到最低，提高教学效果。

（二）提高教师分层教学的综合素质

分层教学增加了教师的备课难度，也消耗了教师太多的精力，这并不是因为教学数量增加了，而是因为提高了质量的要求，教师自身的综合素质难以把握好分层教学的质量关。所以，培养与提升教师分层教学的综合素质非常必要。篮球教师可以从以下几方面来锻炼与提升自己的综合素质。

1. 加强对分层教学理论知识的学习

篮球教师要系统而深入地学习关于学生生理、心理基本特征的知识，以更好地了解学生的非智力因素。教师还要学习体育学科知识和规律，增加理论知识储备，以便更好地发挥自己的组织能力，并在教学中加以创新。此外，教师要多收集一些与分层教学有关的科研论文及教育学、心理学材料，系统学习有关知识，从而使自身的综合理论基础更加扎实稳固。

2. 积极对外交流学习

篮球教师彼此之间缺乏交流互动，无法共享经验，这会直接影响篮球教学效果和整个篮球教学事业的发展。篮球教师要勇敢"走出去"，与同行及专家积极交流，集中探讨教学过程中存在的共性问题，分享自己的教学经验，集中力量解决教学难点，分享交流有益的教学案例，以促进自身教学视野的拓宽、教学经验的丰富和教学能力的提高。

3. 提高创新能力

篮球分层教学的实施不能死板、拘泥，如果用传统的办法解决分层教学中学生遇到的问题，是难以取得良好效果的。篮球教师必须要有创新思维，要在备课中预测可能出现的问题，并设计创新性的解决策略，在教学过程中以学生的动态变化为依据及时采用相应的创新方法。

近年来，国家特别重视青少年体质健康，并在体育教学改革中提出了相关要求，出台了相应的系列政策，这都是篮球教师进行教学创新的指导纲领。教师一定要将这些政策和要求吃透，根据篮球分层教学的实际情况不断提升自己的创新能力，以使篮球教学效果得到最大程度的优化。

（三）加强对学生团队合作精神的培养

在篮球分层次教学中培养学生的团队合作精神，关键在于激励分层小组发挥团队精神和团队作用，具体方法如下。

第一，篮球教师多布置一些需要学生合作完成的学习任务，如篮球技术配合任务。通过设置团队小任务，使小组的凝聚力不断增强，进而使团队合作精神得到强化。

第二，篮球教师在了解不同层次学生特点的基础上对团队合作的契合点加以把握。不同层次的学生有自己的优势，教师要善于发现学生的优势，促进团队内成员的优势互补，进而促使团队合作意识与能力的增强。

第三，篮球教师要尽早介入团队合作中出现的各类问题，对于团队中因情感、性格、技术等差异造成的不和谐，要及时予以解决，最大限度地降低不和谐因素。

第四，篮球教师要科学制定具有引导性和发展性的合作评价指标，以促进学生在篮球重点内容学习上形成良好的合作意识和合作行为习惯。评价指标还要有可变性，每节课教学内容不同，评价指标也不同，要灵活变化评价指标，促进学生之间的互助与合作。例如，教师在课堂上布置 3 人传接球上篮技术的练习任务，在学生经过反复练习后，教师客观评价学生小组合作的方式、合作的默契度及合作的效果，然后指出存在的问题和改进的建议，让学生小组在后续合作学习中更加高效地互助合作。

第二节　拓展训练视角下的篮球教学

一、拓展训练引入体育教学

（一）拓展训练引入体育教学的现实意义

1. 有利于学生的身心健康发展

将拓展训练融入体育教学中，可以使学生加强身体锻炼，促进学生身体健康。拓展训练有助于对学生智力的开发，促进其心理素质水平的提升。学生在参加拓展训练的过程中，不断挑战身心极限，从而养成勇敢坚强的意志力，提高心理承受能力。

2. 有利于调动学生的学习兴趣

在体育教学中实施拓展训练，可以构建全新的课堂环境，使课程内容更加生动，教学体系更加丰富，可以有效激发学生的学习兴趣与积极性。在拓展训练实施中，开展多样化的训练项目，可以促使学生养成积极向上的学习态度，从而提升教学效果。

3. 有利于学生主体性的充分发挥

拓展训练能够全面激发学生的主体性。在传统体育教学中，教师的主导位置被过分强调，教师依据教学目标来培养学生，学生比较被动。拓展训练强调学生的主体性，能够将学生的主观能动性激发出来，巩固学生的主体地位，提高学生学习兴趣和参与意识，提升体育教学实效性。

4. 有利于学生综合素质与能力的提高

现代化社会需要心理素质良好的复合型人才。社会发展对人才的这个要求为体育教学指明了努力的方向。通过拓展训练的实施，可以培养学生的综合素质，使学生的身体机能、创新意识和团队精神得到全方位的锻炼，这也体现了体育教学对社会发展的适应性。

5. 与体育教学目的一致

促进学生身体健康，强化其身体素质与身体机能，培养其健康心理素质，使其全方位发展，这是体育教学的主要目的。拓展训练以训练的形式培养学生的身心素质，促进学生团队协作能力、创新能力的形成与提高。可见，拓展训练与体育教学具有相同的目标。

（二）拓展训练引入体育教学的策略

1. 更新教学理念

教学理念落后，没有从根本上得到转变，这是体育教学中难以落实拓展训练的根本原因。因此，必须从实际情况出发对教学理念进行实时更新，引进先进的教学理念，并依据体育教学的特点，对教学理念进行创新。另外，要强化拓展训练意识，真正推动学生全面发展。

2. 开设拓展训练课

因为学生的身体素质存在个体差异，所以要采用不同的拓展训练方式，这就增加了体育教学中拓展训练实施的难度。对此，要根据学生的身心素质情况实施针对性的拓展训练，尊重学生的个体差异，合理设置训练项目。具体应做到以下几点。

第一，在实施体育拓展训练时，可直接引进一些简单、开放、透明的项目，针对这些项目设置拓展训练必修课，并要求每个学生必须参与。

第二，体育拓展训练实施中引入一些具有挑战性的项目，针对这些项目设置选修课，学生根据自身情况自主选择感兴趣或适合的训练项目。

在设计拓展训练项目时，应尽可能使学生的多元化需求得到满足，将一些个性化的拓展项目加入拓展训练课中，引导学生根据自身条件合理选择，促进学生的个性化发展和综合发展。

3. 完善拓展训练的场地器材

一般的拓展训练项目对场地设施没有很高的要求，场地宽敞便可。因此，学校配置场地器材开展拓展训练课没有太大的难度。但团队合作拓展训练项目对场地器材要求比较高，因此必须对器材设施进行全面优化，适当缩减项目成本，提高拓展训练水平与质量。在体育拓展训练的开展过程中，应对器材的组合不断完善，提高器材的利用率，循环利用难以定向使用的体育器材，节约成本的同时确保拓展训练顺利开展。

4. 培养专业拓展训练教师

在拓展训练的实施过程中，拓展训练教师的专业资质非常重要，其应具备较高的训练能力与良好的专业素养。学校应重视对拓展训练教师的培养与培训，为他们提供交流学习和培训的机会，以促进其专业素养与技能的不断优化和提高。

5. 引进俱乐部拓展训练教学模式

将拓展训练引入体育教学中，可采用俱乐部模式，依据学生的兴趣爱好和身心素质，围绕拓展训练项目，对个性化、有针对性的优质服务进行设计。对于校外俱乐部模式的精华部分，可以适当借鉴、吸取，促进拓展训练的不断优化和完善，提高拓展训练的开展效果。

6. 加强拓展训练的多元管理

拓展训练管理可参考体育教学管理的方法，这里简单分析经费管理与安全管理。

（1）经费管理

学校应加大对拓展训练项目的资金投入力度，重视对新器材的购置与已有器材的维护。如果条件允许，可将拓展训练的场地器材与设备对外开放，以优化配置和高效利用场地和器材资源，同时获取经济收入，缓解资金压力。

（2）安全管理

在拓展训练课前，教师应全面检查设施设备，确保安全。拓展训练教学中对学生的安全教育是非常重要的一环，教师要做好安全监管工作，而且这个工作应在整个教学过程中予以落实，不能有丝毫的松懈，从而提高教学的实效性，保证教学的安全性。

（三）体育教学中拓展训练课程的实施

课程实施主要分为以下四个部分。

（1）准备部分

教师简单介绍活动，引导学生进入角色。

（2）基本部分

教师对学生的语言、行为及其心理动态的外在表现等认真观察、认真记录，以便在体验分享时清楚地回忆。教师要及时提示学生在训练时出现的误区。

（3）结束部分

这个环节主要是对活动进行回顾与分享，学生积极表达自己的想法，提出自己的疑问。师生之间与学生之间交流心得，教师进行简要总结。

（4）评价考核

评价考核也是体育拓展训练中不可缺少的重要环节，可以用小组档案的方式来考核，教师详细记录学生的表现与进步情况，引导学生自我反思和自我评价，鼓励学生主动学习与参与。

二、篮球教学中引入拓展训练的重要性

（一）培养学生的团队协作精神

作为世界竞技体育的重要项目之一，篮球运动对参与者的集体合作意识与协同配合能力提出了较高的要求。在篮球比赛中获取胜利，有一个不可忽略的关键因素，即拥有良好的团队精神。

拓展训练与传统篮球训练相比，与实际更贴近，训练价值更高，更有利于在既定时间有效完成训练目标。学校的篮球训练方法单一，以体能训练和篮球技巧训练为主，间或设计一些游戏训练方式来调动学生的练习兴趣。这种方式虽然趣味性较强，但如果长时间采用，学生也会感到厌烦，进而失去学习篮球知识与技

能的兴趣与动力。而在篮球教学中引入拓展训练方式，可以改变单一枯燥的教学方式，使篮球训练更加多样化，并且有助于培养学生的团体意识、合作意识，使学生之间的沟通与交流进一步加强，促进学生团队意识、责任感及对他人信任感的提升。另外，拓展训练方式具有一定的变动性，这样就能不断吸引与刺激学生，使学生一直保持积极的学习心态，顺利达成学习目标。

（二）促使教学训练内容多样化

传统篮球教学中，训练内容较为单一，训练方法也十分有限，这对学生学习能力及技巧掌握能力的提升造成了一定程度的限制。此外，在传统篮球教学中，教师对学生的体能训练与技能训练更重视，将学生的训练成绩看得更为重要，而对学生内心的真正诉求却不够重视，这导致学生在学习中产生厌烦心理，从而对学习水平的提高造成了不好的影响。

随着新课程的深入改革，传统篮球教学理念在一定程度上受到了冲击，教学目标越来越多元、完善，越来越强调培养学生的团队意识、适应能力、协作能力及综合素质。将拓展训练思维方式引进篮球课堂教学中，能够有效落实新课改理念。

三、拓展训练在篮球教学中的应用策略

（一）建立与完善拓展训练实践体系

为了能够有效开展学校篮球教学活动，篮球教师应以学生的实际情况为依据将拓展训练方法应用到篮球教学中，并重视对拓展训练体系的建立与完善，从而实现既定的篮球教学目标。建立与完善拓展训练实践体系需要做好以下工作。

第一，分析篮球培养目标，在此基础上选择适宜的拓展训练项目。

第二，在篮球教学过程中依据教学需要实施拓展训练。

第三，根据体育场地条件来调整与完善拓展训练计划，并对相应的拓展训练实施方案加以修订，不断完善拓展训练实践体系。

（二）教师充分发挥自身的引导作用

篮球教师要意识到自身在篮球拓展训练活动中的重要性，并将自身的引导作用充分发挥出来，合理设计拓展训练的个人与团队项目，有效培养学生的兴趣，

充分调动学生的积极性，培养学生的团队合作意识，促进学生身体素质水平的提高，实现全面发展。拓展训练对教师的专业能力、思维能力、创新能力有较高的要求，因此教师要不断丰富与完善自身知识结构与技能素养。

（三）对篮球教学与拓展训练进行整合

在篮球教学中将拓展训练法融入其中，要分清二者的主次关系。拓展训练为篮球教学服务，是一种辅助性的教学方式。因此应该以篮球教学为主，将教学目标明确下来，依据教学目标对拓展训练项目进行科学合理的安排。

第三节　掌握学习视角下的篮球教学

一、掌握学习理念解析

掌握学习理念是以人人都要达到预期学习目标为基础，以基本学习能力和能力发展趋势及不同基础的学生团队为前提，在学习过程中以形成性评价为主要的评价体系，结合个性化差异和及时反馈的教学方法，使班级学生都达到预期教学目的的教学理念。

目前，在篮球教学中，有很多教师依然习惯采用传统教学方法，只有少数教师在教学中应用"掌握学习"的方法，可见该方法还不够普及。造成这一现象的主要原因有传统教学思想的影响，缺乏对该方法的宣传，教师没有认识到掌握学习教学的意义与作用，教师缺乏实施这一教学方法的综合素质等。在之后的篮球教学中，应针对这些实际问题逐一改善，以在掌握学习视角下提高篮球教学的效果。

二、掌握学习教育目标分类理论

在体育教学中参考一定标准对教学目标进行划分，有利于预期教学目标的达成和对教学资源的充分利用。在掌握学习教学理论中，教学目标主要有以下三类。

（一）认知领域目标

这类目标强调学生的技能掌握情况和对已学知识的巩固情况。

（二）情感领域目标

这类目标强调学生学习的兴趣、态度和自主性。

（三）动作技能领域目标

这类教学目标强调学生的动作技能培养效果。教学目标分类如图 2-1 所示。

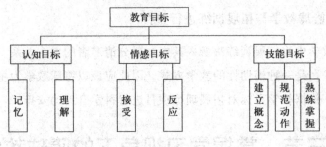

图 2-1　教学目标分类

对教学目标的划分不是越细越好，并且注意相互间的顺序和逻辑关系，要便于对教学顺序进行合理安排，以便更好地引导学生学习，使学生获得更好的学习效果。

三、掌握学习教学法的意义

掌握学习教学法是学生利用学习时间学会相关内容的新型教学方法。掌握学习教学法具有以下几方面的意义。

（一）有利于形成新的教学观

传统教学对教师的主导地位过分重视，而对学生的主体地位则不够重视，学生学习的积极性和主动性因此受到严重的影响。而掌握学习教学法直接面向广大学生，对学生应该达到什么目标提出了明确的要求，对学生学习进行直接的引导，学生的主体性和能动性得到充分发挥，学习的积极性被成功调动。采用教与学的双向方式能够有效提高教学水平。掌握学习中既有针对教师教学的目标，也有针对学生学习的目标，充分发挥教师的主导作用和学生的主体性，并将二者密切结合，对培养新型人才特别有意义。

（二）有利于形成新的学生观

"学生的学习成绩呈正态分布"，这是一种传统的学生观。学生尤其是后进生的发展在很大程度上受到这种观念的制约与束缚。布卢姆提出，"人人都能学习"，只要每个学生的学习时间充足，并给予恰当的引导，学生的学习成绩都能有所进步，这时学生的学习成绩将呈偏态分布，偏向高分一端。很多实验都表

明，教师力图使学生学会的知识，学生是能学会的，只是不同基础的学生学会同一知识所用的时间长短不同。

（三）有利于促进反馈与矫正的及时性和有效性

传统教学强调量的积累，教师给予的帮助和指导不够，而篮球运动对参与者的速度、协调性有比较高的要求，教师的指导与帮助对学生来说是必不可少的。掌握学习理论要求教师以课堂上的直观信息和非直观信息为依据对学生的学习情况进行形成性评价，从而促进反馈—矫正（教师）和自我反馈—矫正（学生）的形成，及时纠正错误动作，提高学习效率和动作质量。

（四）有利于班级的个别化教学

传统的教学组织形式和教学方法很难使不同发展水平学生的需要得到充分的满足，一部分学生"吃不饱"，一部分"吃不了"的现象在传统教学中普遍存在。布卢姆认为，学生智力因素并不是造成这种现象的原因，教学方法与学生的特点不适应、学生得不到较多的指导与帮助以及学生学习时间有限才是造成这种现象的主要原因。只要以学生的个性特点和学习规律为依据提供教学方法与指导帮助，那么基本上所有学生都能有所收获。

（五）有利于教学目标和教学评价的有机结合

传统教学评价不重视评价教学过程，以评价结果为主。而掌握学习教学注重诊断性评价、形成性评价和终结性评价等多种评价方式的有机结合。这些评价方式在教学中所起的作用都非常重要，有助于教学时效的提高和高质量地完成教学任务，也能使教学目标和教学评价得到充分结合。

四、掌握学习教学与传统教学的比较

传统教学以自然班的集体教学为主，教师按照教学大纲组织教学工作，教学进度统一，期末测验标准也基本统一，通过终结性评价来了解学生的学习情况。在体育教学改革不断深入的今天，传统教学的弊端已经有目共睹，必须将此作为重点改革对象。

掌握学习教学同样以班级授课为主，但教师依据教学大纲对教学内容分单元、分层次地进行安排与实施，还会定期进行阶段性评价，了解学生某个阶段的

学习情况，及时发现问题，以便在后面的教学中做得更好，契合教学大纲要求。

掌握学习教学关注学生的个性需求与个体差异，也有利于发挥集体教学方式的作用与优势，可有效提高教学质量。

五、掌握学习视角下篮球教学的程序

（一）呈示掌握目标，交代学习任务

篮球教师先交代本次课的目的，再引出具体教学目标，让学生清楚在本次课上要达到什么目标，从而使学生的学习更有方向。这一教学阶段的中心任务是促进学生统合认知结构的形成。

（二）教师指导学生实现目标

篮球教师依据教学目标、教学内容和教学对象的实际情况恰当选择教学方法，旨在实现预期的教学目标。

在篮球教学的这个阶段，教师教给学生达标的方法和技巧，使学生迅速进入学习状态，积极主动地学习。教师还要编制一些具有层次性、逻辑性且能够激发学生学习、有助于达标的辅助材料，并对学生的思维能力进行培养。

（三）形成性检测和评价

教师对预期学习目标与最终学习成果进行对照，进行形成性评价，了解哪些目标已达成，哪些目标未实现，有哪些问题等，从而有针对性地调整接下来的教学过程，及时弥补不足，实现那些未实现的目标。在进行形成性检测与评价后，教师要针对优秀的学生和落后的学生采用不同的教学方式，对于前者，以"强化""深化"其学习效果为主，对于后者，多提供学习技巧，帮助其提高动作质量。

第三章

篮球基础训练

第一节　篮球意识及其培养

一、篮球意识的概念、特点和要素

（一）篮球意识的概念

篮球意识是指篮球运动员从事篮球实践活动中，经过大脑积极思维而产生的一种正确反映篮球运动规律性的特殊机能和能力。它是篮球运动员在长期篮球实践活动的认识过程中，提炼、积累起来的一种正确心理和生理机能的反射性行动的总称。

篮球意识的形成有一定的规律，需要经过较长时期科学、系统的训练，并在无数次激烈的球场比赛实践中打磨，不断地积累知识和经验而逐步形成。它随着运动员篮球技能的形成过程而产生，也随着篮球技术、战术的发展过程而提高，并形成自己的特点、规律和构架。可见，实践是"正确篮球意识"从感觉阶段的概念、判断，到推理阶段的决断过程。

（二）篮球意识的特点

1. 潜在性

人的有目的、有意识的行动，是由大脑思维对客观事物的反映，形成感觉、表象、判断而产生的。篮球运动员在比赛场上的行动，实质上是对比赛中出现的各种复杂情况，通过本身具有的篮球意识的推理、判断而决定行动的。运动员篮球意识的形成，是随着他在长期篮球实践活动中积累知识和经验而发展起来的，并以观念的形式存在于运动员的头脑中，平时看不见、摸不着，具有潜在性。而在篮球比赛中，运动员所具有的篮球意识就会由潜在变为显现，并自觉地对运动员的行动起指挥作用。

2. 能动性

篮球意识的能动性表现在篮球运动员在行动前主动地反应攻守情况，并在意识的支配下积极地、创造性地调整自己的战术行为，既能使己方最大范围地限制对方的优势发挥，又能最大范围地发挥自身的技术优势、素质优势和其他优势，并可使运动员在自己处于相对弱小的情况下，通过意识活动将自己的局部或个别环节上的优势放大，从而战胜在整体上比自己强大的对手。

3. 连续性

篮球比赛中的进攻和防守行动极少是单一性的，而常常表现为连续的、不间断的攻守行动。运动员在比赛中的各种行动，都是在篮球意识支配下进行的。因此，运动员在连续的行动过程中，必然会产生连续的意识活动，以支配不间断的行动。一次战术行动的结束，往往就是下一次战术行动的开始。运动员进行思维和决策，必然要在获得特定的战术行动决策信息的基础上，经过分析判断方能最后作出决定。信息是思维过程得以进行的基本资料。没有各种信息，思维难以进行。这就要求运动员"意在动前，意在动中"，不间断地思维决策。因此，篮球运动员的意识活动具有连续性的特点。

4. 瞬时性

篮球比赛中，运动员的各种攻防行动常发生在转瞬之间。这就要求运动员的意识活动必须敏捷，即从观察、判断、思维到决策等一系列意识活动过程必须在瞬间完成，否则，将会贻误战机。特别是在激烈对抗的情况下，运动员往往是运用直觉思维的形式来进行意识活动的，直觉思维具有非逻辑性、突发性、下意识性等特征，这些都表现出篮球意识的瞬时性特点。

5. 择优性

篮球比赛中，当出现某一战术局面时，运动员通过篮球意识的作用，会从几种可行的具体的行动方案中选择其中一种"相对最好"的行动方法。确定原则为：进攻中取其威胁较大、方法较简单、成功可能性大的；防守中取其利大弊小、效果好的。篮球运动员在比赛中的所有行动决策，都表现出"利取其大、弊取其小"的择优性特点。

(三) 篮球意识的结构要素

1. 知识体系

知识体系包括篮球运动的专项基础理论和应用理论、发展前沿和趋势、基本的技术和战术方法原则、技术和战术运用的规律、篮球规则和裁判知识等，是篮球运动员进行意识活动的基础。

2. 实践经验

实践经验是运动员在长期篮球运动实践过程中积累的、对比赛中技术、战术运用和应变规律的实战体验与经历，是篮球运动员对攻守信息进行思维判断的基础。

3. 心智活动能力

心智活动能力是篮球运动员大脑进行意识活动的机能能力，包括以下四个方面。

第一，观察能力。观察是篮球运动员意识活动的前提。任何一种反应以及随之所采取的一切行动，都取决于观察所获得的信息。改善篮球运动员的观察能力，最重要的是对运动员视野范围进行训练。一开始就应注意对运动员进行观察习惯的训练，形成宽阔的观察能力。在一般观察能力的基础上，再进一步培养运动视觉的选择能力，使之在全面观察的基础上，把视线集中在重点位置、区域和人身上，把场上攻守队员的行动纳入自己视野范围内，从中进行选择与分辨，然后决定如何行动，这样才能在瞬间做出正确的行动。

第二，良好的判断能力。表现为决策正确、及时，并有预见性。篮球比赛十分激烈，瞬息万变，即使运动员正确观察到了场上情况，如不能作出正确判断，也不能收到良好的效果。在培养篮球意识过程中，提高运动员对场上情况的分析判断能力极为重要。运动员首先要理解技术、战术的特点及运用变化规律，并结合场上的具体情况进行预测和判断，以期能准确地估计出双方行动的意图，提高分析判断能力。

第三，快速反应能力。具有良好的篮球意识的运动员必须对观察判断好的情况作出快速反应，这样才能及时、准确地抓住战机。从观察场上情况进行分析判

断，到将分析判断的结果经过运动神经传导至肌肉产生相应的应变行动，这是一个复杂的神经活动过程，训练可以加速这一活动过程。

第四，战术思维能力。在实施战术方案时，充分调动和运用自己的各种心智能力去预见可能发生的情况和预测形势的发展，并迅速准确地考虑对手、自己及全场的情况，是明确自己战术意图、选择战术手段的一种能力，也是培养篮球意识的主要内容。

（四）篮球意识的作用

球场上运动员一切正确的行动都是在自身正确意识指导下的反应，篮球意识在其中起着以下具体作用。

1. 支配性作用

具有正确篮球意识的运动员，通常在训练和比赛中，就能以正确的潜在意识支配自己的合理行动，决断应变时机，自觉主动并创造性地根据已经变化的或预测可能变化的情况，及时调整自己的思路和决策，从而有针对性地、有效地发挥自己和全队的特长，表现出高度意识化的主观能动性作用和对篮球技术、战术与谋略运用的放大性作用，达到在激烈复杂的比赛对抗下始终把握全局的主动性。

2. 行动选择作用

运动员在比赛过程中，某一时刻所意识到的攻守对抗情况不是笼统的，而是依据比赛分层次、分轻重缓急和有选择的。一般情况下，运动员首先意识到当时攻守对抗态势；在纷杂的情况中，重点意识与自身行动意向最为密切的信息，进而做出准确的判断和选择，为个人的战术行动做出正确的定向。

3. 行动预见作用

篮球意识不但是对比赛对抗现实情景的主动反应，而且可预见到攻守态势的下一步发展和可能，从而决定采取的个人战术行动，进而实现对技术、战术行动的主动调节。

二、篮球意识的形成过程及其影响因素

（一）篮球意识的形成过程

篮球运动员在比赛中的意识活动过程，实质是一个对比赛情景认识的过程。

在这个过程中，运动员的篮球意识表现为意识和行动的相互作用。首先，是运动员的自我意识活动，时刻意识到自己在全队中的地位和作用，同时必须意识到在攻守双方对抗中以我为主的战略思想，还要意识到自己在对抗中所处的位置、条件和应该采用的行动方法，这是意识对行动实施调节作用的前提。其次，是意向指引的积极行动。运动员在主观意向的指引下，意识活动时刻都在主动获取攻守情况变化和行动结果的反馈信息，进而在战术思维的参与下，选择更为有效的行动方法。当所采取的行动奏效时，效果信息将使意识得到进一步强化和提高。

1. 训练比赛中的观察感知

感知是运动员意识到比赛现实客观存在的前提条件，没有感知就不可能产生意向和思维。篮球运动员主要是通过视觉观察的感知来获得场上信息。通常优秀篮球运动员都具有良好的观察能力，他们的视野范围超过普通人，这是多年训练实践中反复磨炼的结果。另外，篮球运动员的观察感知具有选择性的特点。比赛中的诸多信息，可能同时进入运动员的视野，但不可能都被注意到。哪种信息首先被视觉感知，取决于它与运动员主观意识中比赛目标意义的相关程度。通常与目标意义相关程度高的信息，被首先感知到的可能性较大；反之，可能性则小。一般情况下，运动员在主观意向的指引下，首先感知到的是那些与主观意向相关的攻守对抗信息，而对于其他信息则忽略不计。可见，篮球运动员的视觉感知受主观意向的指引，而视觉感知又是意识过程的必要条件。

2. 激烈对抗条件下作出的瞬时思维判断与决策

篮球运动规律决定了比赛场上的情况瞬息万变，运动员的思维与决策必须与此相适应，要时刻意识到情况的变化。运动员在观察感知比赛情景的基础上，通过思维对场上攻防情况作出准确的判断，进而做出行动的决策。这一过程是在瞬间实现的。具有良好篮球意识的运动员，通常能够准确地把握复杂的比赛对抗变化情况，做到行动大胆、果断、准确、自如。这是他们在多年训练和实战比赛中积累起来的高度精密的意识活动反映。因此，运动员的瞬时判断、思维与决策过程是篮球意识活动的核心，培养篮球意识必须围绕提高瞬时的思维与决策能力来进行。

3. 积极、合理、准确的行动应答

篮球意识对比赛的能动作用，表现在运动员能够针对场上情况做出准确合理的攻守行动的强烈应答。对比赛事态的观察感知与思维判断的目的，是进行决策和行动。因此，行动的合理性、积极性是篮球运动员的意识水平和实践对抗能力

的标志。在篮球意识与对抗行动的相互作用关系中，尽管行动是第一性的，但行动离不开意识的主导，行动只有在一定意向的指引下才能成为有目标的主动行动。否则，就会使行动失去目标，成为无意识的或是错误意识指引下的盲目行动。应该指出，意识主导下的行动需要一定的物质条件。比赛中，运动员的行动受自身身体素质和身体机能的影响，当运动员身体机能不佳、出现过度疲劳而使体能下降时，行动会受到影响，常常出现"心有余而力不足"的情况。

4. 意识行动效果的评价与反馈

在篮球比赛中，运动员的篮球意识强弱与攻守对抗行动的激烈程度始终相互伴随。依据意识的规律和特点，由于大多数技术动作是由无意识机能控制的，因此，运动员往往意识不到行动的过程，而行动的结果常常成为意识活动的重点。这是由于运动员守攻行动的结果与行动意向的目标密切相关，因此，运动员会始终意识到攻守过程的成效。在运动员的大脑中枢内，存在着与行动结果相对应的智能评价模型，这些模型是篮球意识的重要组成部分。具体来说，运动员依据评价模型能够意识到哪些行动是奏效的，而哪些是失败的，因此，评价与行动时刻相伴。成功的行动可对意识进行强化，失败受挫的行动可使意识中的智能模型得到修正，运动员的篮球意识在不断的评价反馈过程中得到完善。

（二）篮球意识形成过程的影响因素

实践证明，与意识关系最为密切的心理因素是注意和记忆，同时行动也是意识的主要因素。篮球意识的形成也不例外，它也受运动员的注意、记忆等心理因素影响。科学地分析篮球运动员比赛中的注意和记忆功能的特点，对于正确培养运动员篮球意识具有积极的意义。

1. 感知与注意

在篮球比赛中，运动员可通过多种渠道来感知场上攻守对抗的变化。例如听觉、视觉和触觉都可以同时接收到来自场上的各种信息。然而哪些信息能够进入意识的领域，取决于运动员注意的指向和注意的广度，其中，观察感觉是关键，因而要扩大视野范围。一般来说，注意是指对比赛场上诸多感知信息进入意识领域的选择和局限，运动员的注意指向受主观意向的指引。主观意向就是在比赛攻守目标的控制下，决定注意对有关信息进行取舍的评价体系。

篮球比赛过程中运动员的有意注意指向，通常集中于具有较高评价效果的攻守战术及技术运用结果的有关信息，而把自身行动和对球的控制过程放在注意的

边缘；大脑高级神经中枢的有意识注意指向集中于与战术目标更为密切的对抗情节信息，而把其他相对次要的运动操作信息交给较低级的神经中枢进行控制。

在篮球运动的注意品质中，注意的广度和敏锐性反映运动员对比赛情况变化的洞察能力。优秀篮球运动员由于具有较好的视野基本功而使注意的广度增加，平时篮球运动训练中所形容的"眼观六路，耳听八方"，就是指注意范围的增大，使其能够意识到最隐蔽和最有利的攻击机会，在传出出其不意的好球的同时，把防守者的注意力吸引到不利位置上来，为同伴进攻得分创造良好的条件。在篮球运动训练中，影响注意分配的重要因素是篮球运动特有的专门性知觉，即手、脚、腰、眼基本功的扎实程度。例如，手对球的控制能力是手与球之间的专门性知觉，熟练的手上功夫可使运动员不必通过意识就实现对球的控制，即使在对手严密防守和抢夺时，也能熟练自如地进行控制，并能保护球的安全，而把意识的注意重点放在如何超越和攻击上。此时运动员的注意不在球的安全，而是采用行动后对手的位置变化。当意识到机会到来时立即抓住，实施有效的攻击行动。因此，具有良好的专门性知觉和基本功是建立篮球意识的重要保证，教学训练中必须给予高度的重视。

2. 记忆与思维

记忆和思维与篮球意识的形成关系十分密切。人的记忆可分为短时记忆和长时记忆，短时记忆一般指注意指向所感知到的一切信息，这些信息在记忆中停留很短时间就会被别的信息取代，在篮球运动比赛中则表现为对瞬息之间情况变化的感知和记忆。长时记忆是指经过检索意识到价值的信息，这些信息通过记忆在头脑中长期保留，使用时可随时提取，是深刻的感知和学习的结果。篮球运动员的长时记忆中储存的信息一般是关于技术、战术打法的智能模型，这些模型是在平时教学训练中积累起来的。比赛中技术、战术运用的成功体验也可以成为智能模型，在长时记忆中储存，当遇到类似的情景时，就会立刻被激活和提取，成为引导行动的意向。与篮球意识有关的记忆内容主要有以下两部分。

（1）篮球运动的相关知识

人们对客观存在的现实的认识是意识的核心，而对客观存在的正确认识常表现为各种形态的知识。篮球意识的建立和培养，也必须以有关篮球运动知识的学习为基础，在运动员的头脑中建立丰富的篮球知识体系。当运动员掌握了有关篮球的社会文化知识，就会对篮球运动产生正确的情感，进而形成正确的篮球实践动机；当运动员掌握了关于比赛攻守对抗技术、战术运用规律的知识，就能正确

地反映比赛的现实，用知识来指导攻守行动；当运动员掌握了正确完成技术的方法以后，就能够进行有意识定向的练习，进而使技术水平迅速提高。因此，学习和掌握篮球知识，可以强化记忆、促进思维，对于培养正确的篮球意识具有重要的意义。

（2）临场实践对抗的经验和体验

篮球比赛临场经验和实战对抗体验是一种特殊的知识形态，具有"只能意会、不能准确表述"的特点。它是在比赛场上获得的，是运动员在与对手的实战较量中运用技术、战术配合和身体的体能实施攻守行动时得到的体会，这种亲身体验被运动员意识到并进入长时记忆。体验的长期积累就形成了宝贵的实战经验。在篮球运动员的记忆中，实战经验以智能模型的方式进行储存。每当在新的实战比赛中，当运动员感知到经历过的相似对抗情况时，储存于头脑中的智能模型会立即被意识提取，成为唤起和指引行为的主观意向，由此产生意识主导下的个人战术行动。

3. 行动与反馈

篮球运动员在比赛中的行动必须由意向来指引，这是意识对行动的调节作用。而正确和富有成效的行动又可以反过来影响篮球意识的形成，这是行动效果对意识的反馈作用。因此，行动与反馈是篮球意识形成过程中不可缺少的关键因素。

（1）行动受意向的指引

篮球运动员的意识可通过具体攻守行动表现出来，运动员在行动之前，首先在意识中产生与目标相关的行动意向，这样才能使行动具有明确的目的性。篮球运动比赛具有复杂多变的特点，就使行动意向必须具有明确的目的性。也就是说，在攻守总目标之下，运动员可同时具有多种行动的可能，与目标最为贴近的行动意向优先被意识提取和采用。因此，篮球意识水平高的运动员在比赛场上总是能够做出快速、准确、合理的行动，而篮球意识水平低的运动员由于感知和注意等方面的原因，经常产生错误的意向，致使所采取的行动屡屡受制。

（2）行动需要体能、技能和意志力的保证

篮球意识指引下的个人战术行动，需要一定的体能和技能来保证。在激烈的对抗和竞争中，当双方都意识到应采取的行动时，双方行动的效果除了意识和智慧作用之外，很大程度上取决于体能和技能，体能强、技术好的一方行动容易奏效。因此，仅仅有良好的篮球意识，而缺乏必要的身体素质和持续大强度运动的

能力也难以在比赛中争取主动。要提高篮球意识水平，就要加强身体素质和体能的训练，使篮球意识与身体运动能力同步发展。

（3）无意识机能对个人技术、打法运用的控制

在初学篮球阶段，完成技术动作依赖意识的控制，这是学习篮球必然经历的过程；而在进行大量练习之后，当技术动作逐步熟练起来时，则动作渐渐脱离有意识的支配，控制动作过程的神经中枢逐渐下移，进入无意识机能控制领域。例如，优秀篮球运动员在抢篮板球时，无须注意起跳用力的过程和方法。在技术动作进入自动化阶段之后，一般无需思维和注意来关注动作，只有在出现意外问题时才重新唤起意识的注意。因此，技术动作的反复实践练习，本质上也是对运动技能进行长时记忆的过程，只是它进入长时记忆储存时，不是语言、词汇的形态，而是体验的形态。篮球运动员技术训练的目的，就是使更多的技能动作定型进入长时记忆，使更多的技术动作在完成时脱离意识的控制。运动员的无意识领域是构成篮球意识的重要组成部分。无意识是指那些不需要注意指向来调节的神经中枢控制机能，运动员无意识控制机能的高度发展是篮球运动训练的必然结果，也是评价篮球运动员竞技水平的重要标志。运动员在训练和比赛中练就的打法和成功经验，在意识的主导下经过大量的练习，在熟练的过程中也可以逐步脱离意识的控制，进入无意识控制领域，成为由无意识机能控制的自动化操作过程。这样，就可以使运动员的意识关注更为重要的比赛情况，在激烈的争夺中去注意那些更为复杂、更加新颖和对本队获得比赛胜利目标意义更大的信息。可见，篮球运动教学和训练的过程，就是发展运动员无意识机能对运动行为进行控制的过程。运动员无意识控制机能的高度发展是其长期从事篮球运动实践的结果，只有使无意识控制机能得到适当的发展，篮球意识才能加速建立起来。

三、篮球意识培养的途径与评定

篮球意识的形成有其独自的规律性，这个规律即"实践—认识—再实践—再认识"，从而使认识升华。为此，运动员篮球意识的提高，需要经过教练员长期科学、系统地进行思想、文化、科技熏陶及在训练、比赛中渗透，以及运动员主动在篮球运动实践中自我积累、提炼和加工。它随着运动员运动技能的形成而产生，也随着技术、战术能力的提高及在比赛实践中经受磨炼而提高。只有对运动员进行有计划、有目的的培养，才能使运动员的意识与身体、技术、战术得到有效和谐的发展。篮球运动实践是形成篮球意识的源泉，篮球意识的形成是带规律

性的认识过程，即从感觉阶段到概念、判断和推理阶段的过程。运动员在比赛中的行动正确与否，取决于感觉、知觉和思维加工。思维加工的过程短而正确，意识活动过程的时间就短，建立的意识反射能力就强，行动就正确。篮球意识的培养要贯穿于技术、战术训练的始终，因为篮球意识只有在实战中运用才具有实际意义。在技术训练中渗透意识培养，是培养运动员篮球意识的基本途径；反复练习战术配合（通过战术训练及比赛），是培养与提高运动员篮球意识的主要手段；丰富运动员的理论知识，改善和提高运动员的知识结构，重视与心理训练的结合，可以促进运动员篮球意识的形成与深化。从篮球运动员的意识活动过程看，从对攻守信息的感知（观察场上情况）到以"标准模式"为依据的思维决策，直至具体行动，都与运动员的观察能力、分析判断能力、反应能力、战术思维能力密切相关，这些正是篮球意识结构中心智活动能力的要素。可见，培养运动员的篮球意识，就是要在训练和实战过程中使其建立正确的"思维模式"，使其在正确思维模式的指导下不断总结，积累实战经验，巩固正确的篮球意识行动。

（一）篮球意识的培养途径

1. 在技术训练中培养运动员的篮球意识

篮球意识是长期、有计划地在整个训练过程中不断渗透才形成的。一名篮球运动员从开始参加篮球运动训练到结束篮球运动生涯，教练员都在不间断地采取各种手段和方法潜移默化地对其进行篮球意识的培养与熏陶，这就是对运动员不知不觉地进行点点滴滴的意识加工、渗透与提炼，使之产生和形成一种正确的潜意识。运动员之所以能在球场上随心所欲地运用应变技术、战术，正是其潜意识的作用。而最初的技术基础训练阶段是关键。在技术对抗训练阶段，特别要重视在技术动作的个性训练中培养运动员的篮球对抗意识，提高运动员心智能力中的观察能力和分析判断能力，并在能力培养过程中丰富运动员的基本知识体系，积累技术运用经验。

（1）培养观察能力

培养观察能力是形成篮球意识的前提。在篮球比赛中，运动员对任何一个技术动作的运用与应变，首先取决于能否瞬间进行正确周密的观察。为此，在技术训练初期就必须重视观察习惯和观察能力的培养，加强视野训练，并且在训练一般观察能力的基础上，进一步培养运动员的视觉选择能力。

① 加强视野训练，提高眼睛余光的观察能力。篮球比赛瞬息万变，绝大多数情况下主要用眼睛余光来观察全场情况的变化，捕捉战机，及时应变，如观察

运动员的面部表情、移动速度、方向、角度、节奏、球的落点、配合的路线、攻守特点等，所以要特别强调培养运动员用眼睛的余光扩大视野，提高用余光观察的能力。在技术训练中，可用有助于扩大视野的技术动作来培养运动员的余光观察能力。如：在练习运球技术时，要求运动员用余光照顾球，观察的重点是场上双方全面的攻守情况；在练习传接球技术时，可采用多人快速传接球（如防守）练习，要求用余光观察接球人及其防守情况，接球后立即将球传出，并要求传球及时、准确到位。在两个技术动作以上的组合性技术衔接中，特别要注意观察能力的培养，这对提高运用技术的应变能力极为重要。如"运球突破—传球"或"运球突破—急停跳投"，运动员不仅要考虑自己的被防守情况，还要观察场上同伴的位置、移动及其被防守的情况，以便于及时、准确地做出判断。

② 培养视觉选择力。视觉选择力是在全面观察的基础上，把视线集中在特别重要的位置、区域和队员身上的能力。培养篮球运动员的视觉选择力，就是要训练其善于把场上其他队员的行动收入自己的视野范围内，并从中进行选择与分辨，以便正确决策行动。实践证明，篮球运动员在比赛中对攻守信息的获取是有先后顺序的。如抢到后场篮板球时，观察的一般规律：首先观察前场，然后再观察中场，最后观察后场的"依次观察模式"；在突破和投篮时，要重点观察篮下的变化；抢篮板球时，要考虑投篮队员的距离以及自己和篮圈所形成的角度，对方队员抢篮板球的组织特点和队员的位置等，但观察的重点是球的落点。在技术训练中，不断总结带有规律性的观察模式组合，将某种练习方法应用于教学训练之中，是培养运动员篮球意识的重要任务和有效方法。

（2）培养分析判断能力

通过技术动作的实战运用训练，可培养篮球运动员的分析判断与运用技术的应变能力。基本技术中的每个动作方法都有其特点、应用范围、条件及"规格"标准，在比赛中具有相对独特的战术价值。这些既是运动员在比赛中意识活动的基础，又是技术训练中培养运动员篮球意识的重要内容。篮球比赛激烈多变，每个技术动作在运用方式上不可能一成不变；同一动作在不同时间、不同位置、不同条件下都可能千差万别。所以，要重视从技术动作个性训练中培养篮球意识，在对抗因素和对抗条件中培养篮球意识，在运用真假技术的变化中培养篮球意识。这就要求教练员对运动员在掌握正确动作"规格"的基础上，还要使技术动作具有对抗性、应变性和实效性，以简练适时的方式去解决临场的各种具体问题。通过技术动作的实战运用训练，进一步强化技术运用的特点、范围、条件及变化规律，为在比赛情况下合理地运用与应变技术、创新发展个性绝招技术打下

基础。同时，不断培养运动员在各种攻守具体情况下的分析判断和应变能力，积累技术运用与应变的实践经验，就能使运动员在篮球比赛中分析判断及时、准确，应变合理，运用有实效，达到在技术动作的运用训练中既掌握动作应变方法，又培养应变意识的目的。

2. 在战术训练及比赛中培养运动员的篮球意识

在战术训练中培养篮球意识，首先要在单个战术配合训练时使队员了解战术的结构及配合的规律、方法、特点和每个战术位置上的职责、作用，提高战术变化的灵活性。战术训练最重要的任务就是培养提高运动员个人和整体协同作战意识和战术行动能力，提高运动员整体竞技水平，而发展运动员的战术能力要以培养运动员的篮球意识为主。战术训练不仅是熟练一种或多种战术配合方法，更要重视培养战术素养，提高运动员的篮球意识。在比赛中，运动员的每一个行动都属于战术性的活动，有其明显的战术目的。在与同伴的战术配合中，意识起着支配行动的作用，决定战术的实现。篮球意识的核心要素是战术思维能力，所以在战术训练阶段培养运动员的篮球意识，应主要发展运动员的战术思维能力。

篮球运动员在训练与比赛的思维决策中，一方面，需要用已有的概念、原则、原理等理论知识去思考，形成理论思维；另一方面，意识活动时的思维决策又需要用从运动实践中获得的诸多经验知识去思考，进而形成经验思维。此外，篮球运动员在比赛中的战术行动是极其丰富繁杂的，在对抗状态下进行战术思维活动，常常要以经验的"直觉"方式进行思维决策，去解决自己面临的战术任务，即形成直觉思维。篮球意识活动时的思维类型不同，对于运动员的思维决策起的作用也不同。理论思维运用知识、概念等进行思维决策，在意识活动中主要从"宏观"的角度上发挥作用；"直觉思维"在运动员对对方意向不明、时间紧迫和对抗激烈状态下解决小范围个人战术行动时发挥"随机应变"的作用。

为此，教练员对于设计组织每一种战术配合都要有一个基本的"标准模式"，并且要用这个"标准模式"去衡量运动员的战术行为是否适当。运动员应在思维决策过程中以"标准模式"的思想语言方式进行活动。实际上，运动员接受教练员的指导和训练的过程，就是运动员在战术决策及行动方面向"标准模式"趋近的过程。

篮球比赛中攻守对抗瞬息万变，在不同情况下，相应改变思维决策的主要因素和思维决策活动中的主次地位以及前后序列，不但可以"简化"技术思维决策

活动过程，提高决策效率，而且能够使运动员在复杂的环境下尽快获取所需的战术决策信息并尽快作出决策。对运动员来说，在平时训练中依照教练员的"思维模式"进行战术思维活动，是提高篮球意识的有效途径。这就要求教练员在篮球战术训练中，有计划、有步骤地将各种战术行动的"标准模式"以思维决策的形式传授给运动员，并通过比赛的反复磨炼，不断总结经验，从而不断提高运动员的篮球意识。

3. 提高文化理论素质，完善知识结构，丰富篮球意识

一名运动员掌握知识的深广度、一个球队整体的知识结构水平的高低，是直接影响教练员能否用现代科学知识培养运动员的一个重要因素，掌握必要的知识基础对提高篮球意识修养起着保障作用。

篮球运动员在意识活动时的理论思维必须善于运用概念、原理、原则、规律等思维语言。这些思维语言属于理论知识范畴，是以相关文化科技知识作基础的。由于理论知识在一定的时期内是相对稳定的，具有高度概括性和普遍指导意义，有助于运动员在相对较短的时间内掌握其内涵，从而促使运动员的篮球意识快速形成。因此，在训练中重视文化科技理论知识的传授，有利于加速培养和发展运动员的篮球意识。

篮球运动员的知识主要包括了解运动生涯过程中必知的常规知识和专项运动的发展趋势，理解技术和战术的特点、原理，专项运动规律以及规则裁判法，掌握各种相关学科基础理论知识；掌握马克思主义哲学的基本观点、唯物辩证的基本原则和逻辑学；还要阅读一些古今中外的兵法、战例等，借以开拓思路，从各种文化知识中吸取营养，丰富智慧，增加灵感，提高想象力、理解力和创造力。

运动员的篮球意识绝不是孤立存在的，单纯就篮球意识来进行意识培养是很难奏效的。篮球意识的提高涉及诸多因素，例如，运动员的观察能力、判断能力、对教练员作战意图的理解能力、综合分析能力、抽象思维能力、理论知识水平及实践经验等。对我国篮球运动员来说，迫切需要重视的是如何提高他们的基础知识及相关科技知识，克服通常存在的竞技高水平、文化低层次、素质待教养的状态。为了提高运动员的篮球意识，篮球管理部门和教练员必须重视他们文化素质的提高。教练员平时训练中结合实际战例分析、传授理论知识，提高运动员的综合分析和抽象思维能力，也是培养和丰富运动员篮球意识的有效途径。

4. 通过心理训练培养运动员的篮球意识

良好的心理素质是运动员篮球意识得以发展的重要因素。篮球意识是随着技术、战术的学习而逐步形成的，加之认知训练、意志训练和心理调整训练等一般心理辅助训练，可使组成运动员篮球意识结构要素的心智能力得到改善和提高，为篮球意识的提高打下坚实的基础。通过有目的的一般心理训练，可提高运动员的感知觉能力和反应速度。而运动员专门化知觉能力的建立和提高，是培养篮球意识的重要内容。为此，教练员除应加强篮球运动员球感和临场感的培养，还要加强培养运动员的意志品质，提高其自我调节能力和情绪控制能力，学会调节心理状态的方法，以创造临场时的良好心理环境，为比赛中的正确意识活动做好必要的心理准备。

5. 重视意识培养与作风训练相结合

凶悍的拼搏对抗是现代篮球比赛的基本特点，因此，比赛中正确的行动需要以顽强的作风为保障。意识强、作风强、技巧强、体能强，才能队伍强、队员强，最后构成实力强。篮球意识与良好比赛作风都是运动员头脑中必备的精神素质，是一个事物中的两个不同的侧面。我国篮球运动在 20 世纪 50 年代中期曾提出"积极主动、勇猛顽强、快速灵活、全面准确"十六字方针。它既是世界篮球运动发展特征的要求，也是我国篮球运动发展的经验总结，被认为是从我国篮球国情出发，在比赛作风、技术特点、战术风格上提出的发展方向，至今仍然符合世界篮球运动发展总趋势和我国篮球运动的国情。就"十六字方针"的实质来说，它既反映了我国篮球运动员具备的和将要培养的技术、战术特点，又包含了篮球意识和良好作风的内容及它们之间的辩证关系。其中，"积极主动、勇猛顽强"就是指运动员必备的精神面貌和比赛作风，而"快速灵活、全面准确"则是指运动员需要具备的在篮球意识指导下表现出的技术特点和战术风格。技术和战术的特点、风格与意识、作风是相辅相成的，运动员没有良好的作风，就不可能在比赛中体现出篮球意识，而没有篮球意识作指导，要想反映出良好的作风和最大限度地发挥技术、战术的作用也是不可能的。

（二）篮球意识的评定

1. 篮球意识的评定原则

篮球意识以主观观念的形式存在于运动员的大脑中。意识活动是在大脑中进行的，人们不能直接看见意识活动的内容，但这并不是说就不能对篮球意识进行评定。意识是人的头脑中主观观念的形式和客观存在的内容的对立统一，虽然意识的形式是主观的，但其反映的内容是客观的，并且人的行动是受意识支配的。通过观察行动表现，可以间接了解意识活动的情况。篮球运动员在比赛中的观察、判断、思维决策等意识活动内容，只能通过运动员在篮球意识支配下所做出的"应答式"行动来反映。因此，行动的正确与否是评定篮球意识的主要依据，运动员的篮球意识应以在其意识指导下行动的正确性为原则来评定。

篮球比赛中每一个人的行动都属于战术性活动，是在篮球意识支配下的行动。个人行动也不能仅理解为单独存在的、无意识的活动，任何行动都处在集体配合当中。技术的合理运用和应变，完全是通过战略决策和战术组织体现出来的，球场上每项技术、战术的运用，都是受一定的篮球意识支配的。因此，对于比赛中运动员的每个行动，都必须超越单纯的技术概念，而应将它们视为篮球意识的反应。

运动员在良好篮球意识支配下的行动应表现为：行动的正确性、行动的目的性、行动的预见性、行动的隐蔽性、行动的应变性、行动的创造性、行动的实效性和配合的协调性。通过观察判断这几方面信息的反馈，便能客观地评定出运动员的篮球意识水平。

2. 篮球意识的评定方法

目前，教练员在评定运动员的篮球意识时，大多是依靠自身的经验或临场技术、战术行动效果的统计分析，没有一种比较客观的量化性评定方法。通常采用战术录像片的方式，为运动员提供一些"逼真"的战术配合场景，让运动员根据战术场景确定自己的决策行动，以此考查运动员的意识水平。还有采用战术配合示意图的方法测试、评价运动员的意识水平，这也只是战术录像方法的简便替代。从测试的内容及方式来看，它们都具有较明显的局限性和随意性，并且战术情景示意的仿真程度较低。篮球运动是一种对抗性极强的项目，队员之间的对抗是动态的，而非静态的，完全脱离比赛的实际情况而单独对运动员的意识水平进行评定，不仅不能客观地作出评定，而且这样的评定结果也是无意义的。因此，行动是篮球意识的根本归宿和最终表现，对运动员篮球意识的评定必须与比赛的实际结合起来，只有通过运动员在比赛中的表现才能真正反映其意识水平，运动员的篮球意识只有在比赛的实际运用中才具有价值。

第二节　篮球运动的体能训练

一、体能训练基础

体能是各项运动的基础，要想成为高水平的篮球运动员，首先要具备体能基础。良好的体能不仅能使运动员承受大强度的运动，而且可以促使球员在比赛中充分发挥其潜能，从而带来广阔的发展空间。

（一）能量供应体系

良好的体能需要大量的练习。人体在练习时所需要的能量分别由三个能源系统供给：ATP-CP 磷酸原系统、酵解能系统、氧化能系统。ATP-CP 能量供应体系和乳酸供能体系均为无氧供能体系。篮球运动员需要进行不断重复的短时间、高强度运动，相对于长时间、低强度的运动项目，它与无氧供能系统关系更为密切。

在篮球运动过程中，每一种能量供应体系作用于不同阶段，值得注意的是，在整个供能过程中，几个供能体系都是起作用的。它们共同作用于不同的运动阶段，但是在不同的运动阶段总是以一种供能系统为主的。篮球运动过程中的能量供应本质上是一种以 ATP-CP 磷酸原系统为主，以酵解能系统为辅，以氧化能系统为基础的综合供能的过程。

（二）体能恢复

强度大是篮球运动的特点，因此，迅速恢复体能对运动员而言至关重要。运动员在比赛或训练时会经常感到疲惫，但体能突出的运动员能够迅速恢复，并保持高水平的竞技状态。

1. 短期恢复

对于体能良好的运动员来说，在一次暂停或犯规罚球时间（20～30 秒）里，ATP-CP 能量供应体系只能恢复一半，完全恢复需要 2～5 分钟的时间；糖原乳酸供能体系在 20～30 分钟内只能恢复一半，完整的恢复需要一小时或更长的时间。

2. 长期恢复

由于营养、酶消耗以及组织破坏程度的不同，长期恢复需两天至几天不等。

平衡的膳食、适当的休息和合理的体能训练，能够加快身体的恢复和修复。碳水化合物是 ATP-CP 和糖原乳酸供能体系的主要能量来源。

二、篮球运动的体能训练

(一) 篮球专项力量素质训练

1. 专项力量素质训练的目的与任务

力量素质是篮球运动中的首要素质，对其他素质的发展起着重要作用，也是运动员掌握运动技能、提高运动成绩的基础。篮球专项力量素质训练的目的是在身体训练中根据篮球专项特点及对力量素质的专门要求，采取与篮球专项运动紧密联系的力量训练手段和方法，提高篮球运动员专项力量素质。

篮球专项力量素质训练的任务是全面发展运动员的力量素质，着重提高与篮球专项技术特点相关的力量素质，从而促进运动员技术、战术及其他身体素质水平的提高，增强运动员的对抗能力，防止关节、肌肉等运动损伤，并培养运动员顽强的意志、品质和拼搏精神。

2. 专项力量素质训练的理论基础

力量素质指人体神经肌肉系统在工作时克服或对抗阻力的能力。篮球专项力量素质训练主要指针对性地发展运动员的最大力量、速度力量和力量耐力的训练。最大力量也称绝对力量，指肌肉随意收缩克服最大阻力的能力。最大力量表现为骨骼肌的收缩力，其收缩能力受参加肌肉工作的运动单位数量、神经冲动频率与强度的影响，参加肌肉工作的运动单位越多，肌肉收缩力越大。速度力量指运动时，肌肉快速克服阻力的能力，是力量与速度的有机结合。爆发力量是速度力量的一种表现形式，指张力已经开始增加的肌肉以最快的速度克服阻力的能力。肌肉在运动时，克服的阻力越大，速度越慢。力量耐力指运动时肌肉长时间克服一定阻力的能力，阻力越大，运动的时间越短。只有在克服阻力较小的情况下，才能长时间地持续运动，或重复尽可能多的克服阻力的次数。

力量素质的决定因素主要有肌肉生理横断面面积、中枢系统发放神经冲动的强度与频率、专项运动所需的肌纤维质量、肌肉群之间的协调关系、骨杠杆的机械效率。

专项力量素质训练中，采用中等负荷练习，使肌肉较多地重复收缩，可促使该肌肉中的肌纤维增粗，收缩肌蛋白增多，从而增大肌肉生理横断面面积；采用大负荷、快速率的练习，由于刺激强度大；运动中枢神经系统发放神经冲动的强

度和频率较高，能动员更多的运动单位参加肌肉工作，从而有效地使肌肉在短时间里发挥出较大的力量；采用结合篮球专项特点的中、小负荷练习，可有效地改善中枢神经系统功能调整的一致性，提高肌肉群之间的协调关系。

专项力量素质训练中对练习手段和相关的技术动作进行必要的生物力学分析，使练习手段达到骨杠杆的最佳机械效率，可提高动作及练习的质量。

篮球运动员既要有在瞬间就能发挥出来的爆发力，又要有持续较长时间的耐力性力量，所以要在全面提高红、白肌纤维质量的基础上，重视提高白肌纤维质量。训练中，可根据不同负荷重量时参与活动的肌纤维也不相同的规律进行针对性训练。当采用本人最大力量的 1/2 以上负荷时，参与活动的主要是白肌纤维；采用本人最大力量的 1/4 以下负荷时，参与活动的主要是红肌纤维。

3. 专项力量素质的训练安排

篮球专项力量的训练应符合篮球运动专项的力量特点。在训练过程中根据不同的对象、不同的训练水平、不同的训练时期和不同的训练任务合理安排专项力量训练的内容，选择有效的手段和方法。力量训练的安排应遵循以下几点。

（1）科学安排训练内容

篮球运动的力量素质要求比较全面，不同力量素质能力既有联系又有区别。在安排力量训练计划过程中，要严格按照不同的力量能力的发展目的，合理安排练习的负荷强度、练习的重复次数与组数、练习的持续时间及组间的间歇时间。一般安排如下。

① 发展最大力量，多采用负荷强度大（极限负荷的 60％～85％或 85％以上），练习的重复次数少（4～8 次或 1～3 次），组数多（5～8 组），组间间歇时间长（2～3 分钟或 3 分钟以上）。

② 发展速度力量，多采用中等负荷强度（极限负荷的 40％～60％），练习的重复次数较少（5～10 次），组数较多（3～6 组），组间间歇的时间较长（2～3 分钟）。

③ 发展力量耐力，多采用中小负荷强度，练习的重复次数多（一般要达到极限的重复次数），练习的组数少（在保证每组达到极限重复次数的前提下确定），组间间歇时间较短（60～90 秒）。

（2）符合运动员的年龄、性别特征

一般认为，男篮运动员在 25 岁左右力量达到最佳水平，女篮运动员在 20 岁左右达到最大力量。青少年运动员的速度力量、力量耐力的发展比最大力量发展

得快一些并且早一些，因此，青少年运动员的专项力量训练要以小肌肉群力量和小负荷徒手力量训练为主，着重发展其速度力量与力量耐力，以增加肌肉中毛细血管和肌红蛋白的数量，改进输氧功能。较大负荷的力量训练应在16岁左右或以后安排。

（3）根据训练任务的不同安排训练计划

在训练准备前期应以中小力量为主；在训练提高期应以大中力量为主、小力量为辅；在比赛前期应以小负荷、轻重量、小肌肉群力量为主，尤其是远端肢体应为小力量负荷。在比赛期和休整期应采用小负荷、轻重量的训练方法，保持肌肉的收缩能力。

（4）要注意各肌肉力量的平衡发展

既要重视大肌肉群的力量练习，又要重视小肌肉群的力量练习；既要重视发展上下肢力量的训练，也不可忽视腰背肌群的力量训练。同时，要针对运动员的专项力量素质的弱点，有针对性地安排力量素质训练，要力求做到区别对待。并要针对专项技术动作的肌肉用力部位发展专项力量，可模拟专项技术动作进行专项力量训练。

（二）篮球专项速度素质训练

1. 专项速度训练的目的与任务

速度素质在篮球运动员的身体素质中占有特殊重要的地位，良好的速度素质是运动员在比赛中取得时间和空间优势的重要因素，也是运动员在比赛中技术、战术运用能否奏效的决定性因素。

篮球专项速度训练的目的任务就是根据篮球专项对运动员速度素质的专门要求，采用有针对性的速度训练手段和方法，以全面发展运动员的速度素质，确保篮球技术动作的结构特点与速度要素最大程度匹配，使运动员的速度能力在比赛中充分发挥。

2. 专项速度训练的理论基础

速度素质是指人体进行快速运动的能力，包括人体对刺激快速反应的能力和快速完成动作的能力以及快速位移的能力。速度素质按人体在运动中的表现形式分为反应速度、动作速度和位移速度。

反应速度的快慢取决于信号通过反射弧各环节所需的时间，以及条件反射的巩固程度（即完成技术动作的熟练程度）。

动作速度的快慢取决于肌肉中快肌纤维百分数及其肥大程度、肌纤维的兴奋性、完成技术动作的熟练程度。

位移速度的快慢取决于肌肉中快肌纤维百分数及其肥大程度、运动神经中枢兴奋与抑制的转换速度、肌肉的伸展性和弹性、各中枢之间的协调性、条件反射的巩固程度。

篮球技术动作要在瞬间变化中表现出各种不同的时空特征，仅仅是简单的判断反应不能适应这种瞬息万变，必须事先从时空特征上判断某一动作是否出现，从而提前采取相应的对策。显然这种判断是有概率的，提高这种概率的准确性就是改善篮球运动员反应速度的重要方向。

篮球技术动作具有快速突然性，因此其供能特点是无氧供能，快肌纤维比慢肌纤维在无氧供能时转换的 ATP 更多、功率更大，快速肌肉收缩所完成的技术更快，因此在发展速度素质的同时，还需要发展最大力量和快速力量，提高动作的爆发力。

训练篮球运动员的位移速度必须提高可以影响位移速度的动作频率和动作幅度。动作频率受神经过程灵活性影响，动作幅度与肌肉的伸展性和弹性相关。同时还必须使速度要素与反应起动、加速等篮球技术动作环节相适应。

专项速度训练中，采用对各类信号进行应答反应的练习能有效提高运动员中枢神经系统的机能水平，以提高运动员的反应速度；采用快速完成技术动作的重复练习及相关的力量训练和发展柔韧性的练习，可提高肌肉中的肌纤维体积和重量，增强肌肉的力量、伸展性、肌纤维的兴奋性，有利于提高动作速度；采用高负荷强度（极限负荷的 85％以上）、短距离的重复练习及相关的力量、耐力、柔韧训练可提高运动神经中枢兴奋与抑制的转换速度，增大肌力及肌肉的伸展性和弹性，改善各中枢间的协调性，以提高运动员的移动速度。

3. 专项速度素质训练的安排

篮球专项速度素质的训练应符合篮球比赛对专项速度素质的要求，合理地安排专项速度训练的内容，选择有效的手段和方法，全面提高运动员的反应速度、动作速度和位移速度。训练的安排应遵循以下几点。

（1）要科学地安排训练内容

① 发展反应速度的训练，应经常利用突然发出的视、听信号进行重复练习（即发出信号让运动员做出相应的某一动作）；按信号做选择性练习（即运动员根据各种信号的复杂程度的变化做出相应的应答动作）；移动目标的练习（即运动

员对移动目标迅速做出应答反应）。

②发展动作速度的训练，应采用与篮球比赛动作相似并能高速完成的动作进行重复练习；采用视、听信号等外界刺激，加快动作速度和简单动作的练习；运用负重做专门的动作速度练习；根据篮球比赛的时空要求，缩小时间和空间界限提高动作速度的练习。

③发展位移速度的训练，应采用重复的训练，每次练习的强度通常为85％～100％，持续时间不宜超过10秒钟，重复的次数和组数以不影响强度的保持为限，并注重发展腿、腰、腹部的力量训练，提高运动员移动速度的强度。

（2）要把快速跑动与篮球专项技术动作练习衔接起来

确保运动员在运用技术过程中不降低跑动速度；速度练习中的专项技术的难度不宜过大，必须把主要注意力放在提高速度上。

（3）要有针对性

发展反应速度的练习要与加强观察力、时空判断能力的训练密切结合；发展动作速度的练习须注重增强肌肉的可塑性、可伸展性及肌肉内部和肌肉群间的协调性；发展移动速度练习则需注重提高运动员的非乳酸无氧供能能力及ATP再合成的能力。

（4）要根据训练任务合理安排速度训练的顺序

在周期训练中，专项速度训练应尽量安排在训练准备前期；在各专项素质训练的安排中，速度素质训练应安排在力量和耐力素质的前面，以确保运动员在较好的体能和精神状态下完成速度练习的量和强度。

（三）篮球专项耐力素质训练

1. 专项耐力训练的目的与任务

耐力是篮球运动员的重要素质，是运动员在训练和比赛过程中抗疲劳能力的反映。现代篮球比赛需要运动员在长时间、高速度的移动和激烈对抗中完成各种复杂动作，这就对专项耐力素质提出了很高要求。

篮球专项耐力素质训练的目的和任务，就是根据篮球专项对耐力素质的专门要求，在发展有氧耐力的基础上着重提高运动员的无氧耐力水平，以确保运动员在比赛中始终保持足够的精力和旺盛的斗志，从而保证其技术、战术水平的正常发挥。

2. 专项耐力素质训练的理论基础

专项耐力素质是指人体克服专项运动负荷所需要的抗疲劳的能力。

耐力素质根据人体的生理系统可分为肌肉耐力和心血管系统耐力；从供能特点角度又可将心血管系统耐力分为有氧耐力和无氧耐力。

篮球专项耐力素质训练主要指发展运动员的有氧耐力和无氧耐力的训练。

有氧耐力素质的决定因素包括有氧代谢能力，能源物质（主要是糖原和脂肪）的储备，肌肉、关节、韧带等支撑运动器官对长时间负荷的承受能力。

无氧耐力素质的决定因素包括无氧酵解能力，机体组织抗乳酸能力，能源物质（主要是 ATP 和 CP）的储备，支撑运动器官对长时间、大强度工作的承受能力。

篮球运动员在剧烈运动时，肌肉收缩活动中主要依靠 ATP、CP 的直接消耗和糖原酵解供能。篮球专项无氧耐力素质的训练就是要提高 ATP、CP 和肌糖原的数量，增强酸性物质的缓冲能力，提高神经细胞抗酸的耐受能力。专项有氧耐力素质的提高，则能快速消除乳酸的堆积，提高肌糖原的贮备量，从而确保篮球运动员在高速、持久的比赛中准确地发挥技术、战术水平。

专项耐力素质训练中，采用极限负荷强度的 70% 左右的持续负荷练习，可提高肌肉中肌蛋白和肌糖元的贮量，改善糖和脂肪的供能调节能力，从而提高运动员的有氧代谢能力；采用快速率、短距离持续练习，能有效地提高 ATP 与 CP 的快速分解合成能力，以提高非乳酸无氧耐力；采用 1～2 分钟高负荷强度（极限负荷的 85% 以上）持续练习的间歇训练能使运动员血乳酸维持在较高水平，以适应和提高机体的乳酸耐受能力。

3. 专项耐力素质的训练安排

篮球专项耐力素质的训练应符合篮球专项总体代谢的特点，科学合理地安排教学训练的内容，选择有效的手段和方法，在提高运动员有氧耐力的基础上着重提高无氧耐力素质。专项耐力素质训练的安排应遵循以下几点。

（1）以无氧耐力素质为主

应有针对性地安排训练的内容，要根据不同耐力素质的特点，合理地安排练习的负荷强度，练习的重复次数与组数，练习的持续时间及组间的间歇时间。一般安排如下。

① 发展非乳酸无氧耐力的训练，多采用高强度小间歇的练习方法，负荷度达到极限负荷的 95%，练习的组数多（5～6 组），重复次数少（3～4 次），距离短（15—30—50 米），并控制间歇时间，以提高 ATP 及 CP 的快速分解合成能力。

② 发展乳酸无氧耐力的训练，多采用负荷强度大（极限负荷的 80%～90%）、练习的重复次数少（3～4 次）、组数较多（3～5 组）的练习方法，负荷时间控制在 1～2 分钟，间歇时间采用逐渐缩短的方法。如第一、二次之间间歇 6～5 分钟，第二、三次之间间歇 5～4 分钟，第三、四次之间间歇 4～3 分钟，这样有利于使体内乳酸堆积达到较高值。

（2）重视有氧耐力水平的提高

要首先发展运动员的有氧耐力素质，使运动员的有氧耐力素质达到一定的水平后，再重点发展无氧耐力。有氧耐力训练的安排多采用持续匀速负荷和变速负荷的练习方法。负荷强度一般应控制在接近无氧阈的强度，心率控制在 160 次/分钟左右。

（3）根据训练任务的不同安排训练内容

在训练准备前期，应以发展有氧耐力素质为主；在训练提高期和赛前阶段应以发展无氧耐力素质为主；在周训练计划中，每周一般只安排 2～3 次强度大或者持续时间较长的大运动量耐力训练。

（4）耐力素质训练与专项技术、战术训练有机结合

应安排长时间专项对抗练习或加大防守和进攻技术训练强度，以提高运动员在疲劳状况下运用技术、战术的能力。

（5）要充分考虑负荷的指标要求

运动员的营养状况、睡眠休息情况、身体的恢复状况是否适应新的刺激等因素都需要充分考虑，避免可能因疲劳而影响其他素质和技术、战术的训练。

4. 专项耐力素质训练的方法选择与应用

专项耐力素质训练的主要手段如下。

① 不同距离的中长跑、越野跑、爬山等。

② 连续进行 400 米跑；各种中长距离的变速跑。

③ 长时间的防守脚步练习；快攻练习；利用球场上各种距离做连续的往返折回跑。

④ 连续进行长时间的各种攻守技术练习。

⑤ 短距离如 30 米、60 米、100 米反复冲刺跑，随着训练水平的提高，每次跑的间歇时间可逐步缩短。

⑥ 全场反复快速运球上篮；两三人全场反复快攻练习；一对一、二对二、三对三全场攻守或攻守转换练习等。

⑦ 综合练习。各种跑、跳、防守脚步动作、投、突、传、运等动作组成的全场综合练习。

专项耐力素质训练实施过程中，除了在田径场进行专门训练外，也应与技术、战术配合结合起来组织训练。

（四）篮球专项灵敏素质训练

1. 专项灵敏素质训练的目的与任务

灵敏素质是篮球运动员的运动技能和各种素质在运动过程中的综合表现。现代篮球运动对抗激烈，快速多变，这就要求运动员具备良好的判断能力和反应速度，并在比赛中的各种复杂变换条件下能够迅速、准确、协调地做出应答动作。良好的灵敏素质有助于运动员掌握各种复杂技术、战术和提高场上的应变能力，对篮球运动有着重要作用。

专项灵敏素质训练的目的和任务就是在全面提高与灵敏素质相关的反应速度、柔韧性、爆发力并改善肌肉的弹性和关节、韧带的伸展性的基础上，使篮球运动员的各种素质能力（包括掌握动作能力、平衡能力和节奏感）均衡协调发展，以提高运动员的专项灵敏素质。

2. 专项灵敏素质训练的理论基础

灵敏素质指在各种突然变化的情况下，运动员能够迅速、准确、协调地改变身体运动的空间位置和运动方向，以适应外环境变化的能力。

灵敏素质是一种综合素质，与人对空间位置和时间的感觉能力有关，也与速度和力量等素质的发展有关。

灵敏素质的影响因素：大脑皮层神经过程的灵活性、力量、速度、耐力、弹跳、柔韧等素质能力，时空判断能力与反应速度，运动技能掌握的数量和熟练程度以及年龄、性别、体重、疲劳程度等。

神经过程的灵活性高，兴奋与抑制的转换速度快，神经系统对人体各种复杂的移动用力程度及控制力就高，在身体素质良好、全面的基础条件下动作的快速性、准确性和协调性就好。篮球运动员的专项灵敏素质训练就是要提高运动员的球感、动作感，以及对球的速度、力量、距离和各种篮球技术、战术时空特征的综合信息量的感知，增加传入强度，提高各种感受器对微弱信息的感受能力。发展专项灵敏素质的训练应在各种复杂变化的训练和比赛条件下进行，将各种时空特点通过信息加工与大脑皮质建立联系，形成固定的动作反应，从而提高反应的

灵敏度。同时，各种信息所建立的神经联系越多，神经过程的灵活性就越高，各种应变性条件反射就越快。因而在篮球专项训练和比赛中，掌握各种篮球技术、战术的数量越多、质量越高，灵敏素质就越好。

同样，身体素质的均衡发展，对保持正确的动作用力、克服阻力条件下快速灵活地完成动作也有一定作用。如反应速度、起动速度、加速度、弹跳素质都对灵活性有重要影响。长时间的激烈运动也要以耐力素质做保障，否则，运动中过早出现疲劳就会引起神经系统保护性抑制，出现反应迟钝、动作迟缓。

3. 专项灵敏素质训练的安排

篮球专项灵敏素质的训练应符合篮球专项对灵敏素质的专门要求，科学合理地安排好教学训练的内容，选择有效的手段和方法，以提高专项运动员的灵敏素质。专项灵敏素质训练的教学安排应遵循以下几点。

第一，篮球运动员的专项灵敏素质训练应根据训练任务的要求，有计划地设计复杂的运动环境，并在训练中针对变化的条件发展相应的运动技术和技能，以提高运动员技术运用的灵活性和应变能力，达到提高运动员灵敏素质的目的。

第二，篮球专项灵敏素质训练的安排，通常练习负荷强度较大（极限负荷的60％～85％），持续时间较短（1分钟以内），练习重复次数较少（3～5次），练习应安排在每次课精力最充沛的阶段，以便提高练习效果。

第三，篮球专项灵敏素质训练的教学安排中应注重加强视野、观察力、脚步移动能力和手控制球、支配球能力的训练。

第四，发展专项灵敏素质的训练可安排换项训练内容，以培养运动员在新异和复杂环境下的主动性、创造性，达到提高灵敏素质的目的。如采用足球练习提高脚步的灵活性；采用排球练习发展弹跳的爆发力。

4. 专项灵敏素质训练的方法选择与应用

篮球专项灵敏素质训练的主要手段如下。

① 按教练员发出的视、听信号，做各种滚翻，并结合起动、快跑的练习。

② 两人一组做影子练习，即一人做动作，另一人模仿；一对一进行各种追逐、闪躲练习。

③ 脚步、腰、胯的灵活性练习，将各种脚步动作组合成综合练习，在全场进行练习，按教练员发出的视、听信号迅速改变动作。

④ 结合球的灵敏练习，接不同方向、不同距离、不同速度及不同位置的困难球；在篮球场上做各种变向运球移动的组合练习（如体前变向、胯下、背后、

后转身等变向跑运球）。

⑤ 各种篮球基本技术、战术基础配合的对抗练习（一攻一、二攻二、三攻三等），并结合攻守转换的练习。

发展专项灵敏素质实施过程中，应根据训练课的任务，从综合训练的实际出发交替安排训练的内容和练习方法。

（五）篮球专项弹跳素质训练

1. 专项弹跳素质训练的目的与任务

弹跳素质是篮球运动员的一项重要身体素质。运动员良好的弹跳素质，不仅可以提高其争夺空间优势的能力、扩大控制攻守范围，也能更好地帮助其掌握高难技术和完成复杂动作。

篮球专项弹跳素质的训练目的和任务就是在发展一般弹跳素质的基础上根据篮球专项特点，改善运动员的起跳技术，提高专项弹跳素质，使其在比赛的各种情况下发挥出弹跳的最好效果。

2. 专项弹跳素质训练的理论基础

弹跳素质是指通过下肢和全身协调用力，使人体迅速弹起腾空的能力。篮球专项弹跳素质是运动员篮球比赛中争取高度和速度、争夺空间控制权的能力。弹跳素质是一项综合素质，主要表现为下肢的爆发力，影响弹跳素质的重要因素有力量素质、速度素质和协调性。

在力量练习中采用大重量（80％～90％极限负荷）、动作速度快、少次数的练习方法，可改善肌肉机能并提高股后肌群的力量和伸展性，从而提高下肢力量中的爆发力。

在速度练习中采用快速完成技术动作的重复练习，有助于改善神经中枢兴奋与抑制相互转化的灵活性，提高肌肉收缩速度，也有助于爆发力的增长。

采用模仿比赛实际情况的跳跃练习，有助于改善各种起跳技术，使运动员在比赛中发挥出弹跳的最好效果。

3. 专项弹跳素质训练的安排

篮球专项弹跳素质的训练应符合篮球专项对弹跳素质的专门要求，科学合理地安排好教学训练的内容，选择有效的手段和方法，以达到发展专项弹跳素质的目的。

专项弹跳素质训练教学安排应遵循以下几点。

第一，篮球专项弹跳素质训练的安排应以大强度、少次数、多组数的练习为主，每次之间的间歇时间要适当。

第二，篮球专项弹跳素质训练中应着重安排发展下肢小肌群的力量素质练习，并注意提高运动员肌肉的伸展性和弹性，以改善肌肉协调用力的次序。

第三，篮球专项弹跳素质训练中应尽量安排接近比赛实际情况的跳跃练习，以提高各种起跳技术；应多安排在对抗条件下的弹跳素质练习，以提高运动员在起跳前或在空中身体的对抗能力和适应条件变化的空中应变能力。

第四，篮球专项弹跳素质训练的安排中应注重运动员的起跳动作与起跳前的运球、接球等动作，以及起跳后的投篮、抢篮板球、封盖和接、传球等动作衔接的训练。

4. 专项弹跳素质训练的方法选择与应用

专项弹跳素质训练的主要手段如下。

① 跳台阶、跳凳、跳栏架、立定跳远、多级跳、连续深蹲跳、收腹跳和跳深等练习。

② 跳绳练习。单、双摇跳，单、双脚双摇跳，规定时间和次数的跳等。

③ 原地或上步连续单脚或双脚起跳摸篮板或篮圈；行进间单脚起跳摸篮圈；移动中按信号突然用单、双脚向侧、前、后跳起做抢断球模仿动作等练习。

④ 一人一球，篮下原地连续起跳托球碰板；多人一组一球，依次在篮下一侧或两侧用单手和双手托球碰板若干次。

⑤ 跳起在空中抢篮板球转身一传球练习。

专项弹跳素质训练实施过程中，可多采用负重方法练习或结合其他辅助器械练习，也需安排与实际比赛运用的技术动作一致的练习。

（六）篮球专项柔韧素质训练

1. 专项柔韧素质训练的目的与任务

柔韧素质对篮球运动也十分重要，指运动员在完成专项技术动作过程中各关节活动的幅度及肌肉和韧带的伸展能力。发展柔韧素质对篮球技术动作的掌握和运用有着积极的促进作用，良好的柔韧素质可以减少运动损伤，对提高其他身体素质也有着正向的作用。

篮球专项柔韧素质训练的目的任务就是在身体训练中重视运动员柔韧素质的发展，根据篮球专项对柔韧素质的专门要求，有针对性地安排柔韧素质训练的手段和方法，以提高运动员各关节韧带的活动幅度和伸展能力，特别是腰、胯、

basketball

肩、踝、腕关节韧带的伸展及活动能力。

2. 专项柔韧素质训练的理论基础

柔韧素质指运动员在从事专项运动过程中各关节活动的幅度及肌肉和韧带的伸展能力。

决定柔韧素质的主要因素：关节骨结构（髋、肩、踝、腕等关节的韧带、肌腱、肌肉和皮肤的弹性）；关节周围组织的体积大小；神经系统支配骨骼肌的机能；肌肉紧张和放松的能力以及年龄、性别、训练水平等。

骨关节的构造，决定了关节运动范围的极限。附着在关节周围的肌肉、肌腱、韧带、关节囊的弹性好坏影响着运动关节不同结构所能达到的活动范围。在不同的年龄时期，关节囊的大小、肌肉韧带的弹性、椎间盘的弹性会发生很大变化，年龄越小，关节的灵活性越好。

篮球专项在柔韧素质训练中，应采取长期的有针对性的训练去改变关节囊和韧带的弹性，改造关节面的形状。年龄的变化在一定程度上决定了柔韧的发展趋向，年龄越小发展柔韧性越好。女子篮球运动员由于骨关节构造、软组织的质量与男子有所不同，一般而言，柔韧性要好于男子。此外，外部环境与各种物理因素对柔韧素质也有一定作用，时间、季节、气候、准备活动、按摩等，对肌肉的弹性、伸展性都有不同程度的影响，如做了准备活动和按摩后肌肉的弹性和伸展性提高；在疲劳状态以及篮球训练和比赛中间，长时间休息也会影响肌肉的弹性，降低柔韧性。

3. 专项柔韧素质训练的安排

篮球柔韧素质训练应根据篮球专项对柔韧素质的专门要求，科学合理地安排好教学训练的内容，选择有效的手段和方法，处理好练习的强度、重复的次数、组数、间歇时间和动作要求。一般安排如下。

（1）练习的强度

柔韧素质训练的强度主要反映在用力的大小和负重的多少两个方面，无论是主动性或被动性练习，其用力均需逐渐加大。加大的程度以运动员的自我感觉为依据，当感到胀痛难以忍受时应停止。采用负重进行柔韧素质训练，一般控制在3～5千克之内，动力性拉伸负重可轻些，静力拉伸负重可重些。练习强度的提高应逐渐实施，不可过快、过猛，防止损伤。

（2）练习重复的次数、组数

由于篮球专项柔韧素质训练的专门化特点，又划分为发展柔韧素质和保持柔韧素质两个阶段，不同阶段的练习重复次数、组数应有所区别。一般动力性拉伸练习每组可做 10～12 次、6～12 秒之间；静力性拉伸练习，则可固定在 30 秒钟或以上，应视运动员的训练程度、性别和水平层次而定。组数的安排亦如此。

（3）间歇时间

可根据运动员的感觉确定，并与练习的关节部位有关。当运动员在一组练习后感到基本恢复可进行下一组时就开始；大关节练习后的间歇，要比小关节练习后的间歇时间长些。在间歇时间里，可做一些放松和按摩活动。

（4）动作要求

进行柔韧练习时，运动幅度要逐渐增大并到位，以尽量拉长肌肉和韧带；动作可采用缓慢的速度也可采用急骤式的速度进行，并相互交替。

4. 专项柔韧素质训练的方法选择与应用

篮球专项柔韧素质训练的主要手段如下。

① 两手指交叉相握，手心向外做压指、压腕等动作，充分向前、向上伸展或有节奏地向下振压。

② 两臂做不对称的大绕环、转肩等动作。在背后一手从上往下伸，一手从下向上伸，使两手在背后做拉伸练习。

③ 利用器材或同伴帮助做压肩、拉肩、转肩等动作；利用肋木做各种压腿，拉长肌肉、韧带和扩大各关节活动范围的练习。

④ 站立，体前屈下压；或靠墙站立，体前屈下压，用手指摸地或握踝；前弓步和侧弓步压腿；纵劈腿和横劈腿；勾脚尖前踢腿和侧踢腿。

⑤ 在地板上做"跨栏步"拉，压腿、胯练习；各种负重和不负重的背伸、展腹屈体练习及腿肌伸展练习（如仰卧起坐前压腿）。

⑥ 悬垂练习。利用身体的重力做单杠、双杠、肋木上正反肩关节的悬垂练习；直角悬垂压腿练习。

专项柔韧素质训练实施过程中，可根据训练课的任务并结合队员的具体情况，综合考虑安排，内容与练习时间的长短相对灵活。

第三节　篮球运动的心理训练

一、心理训练的含义

心理训练是对人们的心理状态进行有意识的作用，使其发生有利于活动的变

basketball

化。心理训练首先出现在 20 世纪初期，从病理心理学的应用开始。当时，德国精神病理学家舒尔茨用瑜伽的放松动作、催眠性暗示给病人进行以松弛机体和精神状态为特征的治疗，获得了显著的心理疗效。此后，放松治疗方法在体育运动中被广泛使用，对运动员的临场紧张感起到了很好的缓解作用。随着各种心理训练方法在体育运动的广泛应用，心理训练的手段也趋于具体化、科学化，并使用现代科技进行记录和监控。概括地说，运动员的心理训练指有意识、有目的地采用一定的办法、手段，对运动员的心理过程和个性心理特征施加影响，使其学会调节和控制自己的心理状态和运动行为的过程。

心理训练是现代竞技运动训练系统中不可缺少的一部分，影响着运动员身体、技术、战术水平的改善和体现，可以促进运动员心理过程的不断完善，形成专项运动所需要的良好个性心理特征，获得高水平的心理能量储备，使运动员的心理状态适应训练和比赛的要求，为达到最佳竞技状态和创造优异成绩奠定良好的心理基础。然而，在实践中，大多数教导员对体能训练、技术训练和战术训练都比较熟悉，有着丰富的理论和实践经验，但是对什么是心理训练、练什么、怎么练并不十分清楚，甚至在认识上存在一些误区。因此，有必要对系统心理训练做简要的概括。系统的心理训练可分为两大部分：一为基础心理训练，旨在发展运动员参加训练和比赛所必需的基本心理素质；二为针对性的训练，旨在为某个具体比赛做好心理准备，针对某些心理障碍进行心理训练。

（一）基本心理过程训练

基本心理过程训练是其他心理训练的基础，主要包括认知过程、情绪控制和意志品质训练等。发展运动记忆能使运动员在头脑中对动作的表象和概念有清晰的印象，能快速准确地记忆动作，从而完成组合技术及战术配合。训练运动思维能力，能够使运动员迅速分析临时情况的变化，并提高完成战术任务的能力。注意品质是运动员最重要的心理素质之一，在基础训练阶段，发展注意力将对运动员整个运动生涯起着重要影响。进行注意的广度、注意稳定性、注意转移和注意分配的训练，能使运动员在短时间内根据活动任务的要求进行较长时间的注意力集中，或灵活地进行注意力转移，完成复杂的注意分配任务。进行情绪稳定和适宜兴奋的训练，能提高运动员的情绪控制能力。进行意志品质的训练能培养运动员的自觉性、独立性、坚韧性和果断性。

（二）专项心理素质训练

专项心理素质包括专门化知觉和专项运动思维等。专门化知觉是运动员在运动实践中，经长期专项训练所形成的一种精细的主体运动知觉，它能对器械、场地、运动媒介物质（水、空气等）及专项运动的时间、空间特性等做出高度敏锐和精细分化的识别与感知。运动员在完成动作时，需要多种感知参与，其中，肌肉运动感觉尤其重要。不同项目的专门化知觉是不同的，如球类运动员的"球感"，游泳运动员的"水感"，击剑运动员的"剑感"，射击运动员的"枪感"等。专门化知觉的形成需要较长的时间。如果运动员的自我反馈能力较强，在教练员指导下进行有意识的培养，加之训练方法得当，可在一年左右形成。通过自发练习形成专门化知觉一般需要 5～6 年时间。各项目之间也存在明显差异。

如长期停止训练或身体过度疲劳、有伤病或处于过分强烈的情绪状态下，专门化知觉可能减弱或消失。专门化知觉的发展水平与技术水平成正比。它既是掌握专项技术的先决条件，又是专项训练的结果；既是其他运动能力的基础，又是实现技战术的前提。所以，专门化知觉是技术达到高水平并且竞技状态良好的优秀运动员的心理标志。专门化知觉在发展水平上的差异可以测量。例如，可通过对刺激造成的微小变化的知觉清晰度让运动员进行自我判断，也可用控制刺激量的方法加以测定。

（三）良好个性品质的培养

培养良好的个性品质在基础心理训练中具有重要意义，与运动员能否坚持长期的艰苦训练并取得优异成绩有很大关系。有些运动员由于缺乏专项运动所需要的个性品质，虽然具有较好的身体条件，且经多年训练，但成绩不佳，这在运动实践中不乏其例。在基础训练阶段，尤其应重视对运动员兴趣和动机的培养。兴趣对训练活动有着非常重要的作用，运动员的训练兴趣一经激发，就会产生高度的注意、愉快的情绪及持久的意志努力，从而提升训练效果。长期训练容易使运动员产生乏味、枯燥、厌倦的情绪。引导运动员形成正确的动机，乃至形成强烈的成就动机，会使其产生一种强大的动力，从而主动地、创造性地训练。运动员只有在良好动机的支持下，才能发展对专项运动的稳定兴趣和能力。另外，培养和发展合作精神已经是现代训练和比赛的必要条件。无论是集体项目还是个人项目，要在当今高度激烈的竞争中获胜，仅靠个人的力量是不可能实

basketball

现的。团队合作精神、集体凝聚力已不仅是体育竞技的专利，而是一切社会竞争的有力保障。队员与队员、队员与教练员、队员与随队人员和工作人员之间高度合作，精诚团结，才能培养出一支战无不胜的队伍，才能培养出高水平的运动员。

针对性心理训练包括消除心理障碍和赛前心理准备两方面的内容。消除运动员的心理障碍采用的方法较多借鉴临床心理治疗的方法。在运动训练中，采用此法是较为被动的，是运动员出现心理问题后采用的补救措施。理想的训练过程包括完整的基础心理训练，使运动员具备良好的心理素质，不出现或少出现心理问题。赛前心理准备是心理训练的重要环节。赛前是运动员调节和控制心理能量的关键时期，训练中运用较多的方法是模拟训练和心理动员。

二、篮球运动的心理素质分析

篮球运动是开放性的同场运动项目。运动员在有限的时间和空间内，以控球为手段，通过与同伴的配合，突破对方的防线，从而达到将球投入对方球篮的目的。熟练地控球、精准地投篮、默契地配合、激烈地对抗，篮球运动员的这些特点决定了运动员必须具备以下重要心理素质。

（一）专门化知觉

篮球运动员的专门化知觉突出表现为球感和时空感。

1. 球感

球感是运动员在长期专项训练中发展起来的对篮球的性状（形状、大小、轻重、弹性等）及运动规律的精细感知，表现为对球的熟练控制和随意支配上。球感是一种复合感知，是在视觉、触觉、动觉、时空知觉及运动知觉的共同参与下形成的。篮球场上熟练的运球突破和精准的投篮离不开良好的球感，同伴间的密切配合也需要运动员通过良好的球感在球场上获得更多的主动权和自由，从而把注意力转向对场上形势的观察及技战术的运用上。因此，良好的球感是优秀运动员必备的素质之一。

2. 时空感

时空感指篮球运动员在场上对时间和空间特征的感知。时间知觉是运动员对场上形势的延续性和顺序性的反映；空间知觉指场上运动员对同伴、对手、球篮的位置、距离、高度等空间特征的反映。篮球比赛攻守对抗瞬息万变，进攻机会

稍纵即逝，并有 3 秒、5 秒、8 秒和 24 秒的规则限制。运动员只有具有良好的时空感，才能准确地预见和判断对手及同伴的行动，从而争取时间，并获得有利的空间。例如一次成功的助攻传球，需要运动员准确地判断同伴的位置、移动方向及速度，同时采用适当的传球方式穿越防守队员，传球时要考虑球飞行的速度，传出的球要有适当的提前量，做到"人到球到"。此外，跳球、抢篮板球、抢断球等都需要运动员具有准确的时空判断能力。

（二）思维

集体对抗项目中都注重战术行动，篮球尤为突出。从某种意义上说，战术是篮球比赛的灵魂，一切战术行动都是在战术意识的支配下完成的。战术意识指运动员按照一定的战术目的正确合理地应用技术和战术的自觉心理活动，表现为运动员能根据场上情况的变化，随机应变地决定自己的行动方案，并能与同伴密切配合，充分发挥技战术特长，以克敌制胜。从心理学角度分析，运动员战术意识的核心就是思维能力。篮球战术可以分为个人战术行动和战术配合行动。相应的，思维也分为个人思维和集体思维。

1. 个人思维

在比赛中，运动员面临着无数需要解决的问题情境：如何摆脱，合适切入，面对防守是投篮、突破还是传球，以及如何防守等，所有这些问题均需要运动员迅速做出决策和行动。这些决策过程是运动员在头脑中进行信息加工的过程。运动员的头脑可以看做是一个复杂的信息加工系统。运动员的思维决策过程可以概括为一个以信息加工为核心的行为控制系统。该系统由决策环境、决策人和决策结果三要素构成，三个要素之间是密切相关的。

运动员在环境中获取信息，通过信息加工确定策略，付诸行动后产生决策结果。在这个系统中，运动员的决策行动受环境和决策结果反馈的影响；决策结果是不确定的，并非只由决策行动决定，还取决于环境的变化；决策结果对决策者产生直接的影响，也对环境产生影响。篮球运动员在运动情境中的个人思维决策过程具有明显特征，可以概括为以下三点。

（1）问题的空间性

运动员在比赛中面临的问题都是在空间上呈现的，篮球的位置、对手的位置、同伴的位置，以及要达成的目标状态构成了一个空间问题情绪。运动员的视觉搜索能力是快速识别的基础。

（2）过程的时间压力

多数的运动决策过程是要求快速完成的，甚至是瞬间完成的。比赛时的攻守时机转瞬即逝，正确及时的决策就会得分或防守成功，从而赢得主动权；反之就会失去机会，甚至输掉比赛。因此，决策速度是衡量决策水平的重要指标。

（3）结果的不确定性和即时性

运动情境中的决策结果不仅取决于决策者，还取决于环境的变化和影响，同样情境下的相同决策可能产生不同的决策结果。因此，不存在绝对正确的决策和永远正确的决策。衡量决策好坏的唯一标准就是决策结果的好坏。运动决策的结果是在决策并行动后随即表现出来的，能结合决策结果灵活调整决策行动的运动员才能争取主动。篮球运动员良好的思维品质表现为灵活性、敏捷性、预见性和创造性等。

2. 集体思维

篮球运动中的战术配合分为基础战术配合和全队战术配合。无论是进攻的传切、掩护、策应还是防守中的交换、关门、夹击等，篮球比赛中的所有配合行动都是建立在一个共同的基础之上，那就是集体思维。集体思维是指全队或场上部分队员之间，在共同的目标引导下，对同一问题情境产生相同的思维反映的过程。良好的集体思维表现指队员间的配合默契、行动一致，具有协同性和互补性，这也是所有教练员在训练过程中最希望达到的一种境界。集体思维能力的形成是建立在对篮球运动规律的正确认识基础上的，通过队员间的长期磨合，形成共同的指导思想和行动原则，从而表现出在思维上和行动上的一致性。集体思维是成功完成配合的基础，因此，它是篮球运动中最重要的心理素质之一。

（三）意志

意志是有意识地支配、调节行为，克服困难，以实现预定目标的心理过程。意志品质包括坚韧性、顽强性、果断性、自控力和自信心。篮球运动员的意志品质突出表现在激烈的攻守对抗中能否为实现既定目标做出克服困难的努力。篮球比赛过程复杂多变，运动员运用技术的过程中条件不断变化，意想不到的困难与障碍层出不穷，运动员的意志品质对比赛的胜负起着至关重要的作用。具有良好意志品质的运动员能在比赛落后时不气馁，失败时不泄气，在紧张激烈的比赛中敢打敢拼，始终具有充足的信心和清晰的目标；而意志品质薄弱的运动员在比赛双方比分紧咬、体力消耗大的情况下，会变得信心不足，情绪不稳，甚至忙中出

错或表现失常。总之，篮球比赛中要求的各种心理能力都要通过意志行动表现出来，意志品质的作用不言而喻。

（四）情绪

情绪是人对客观事物的态度体验及相应的行为反应，体育竞技中情绪稳定是运动员保持最佳心理状态中最核心的内容，是训练水平正常发挥的保证。由于篮球比赛紧张激烈，运动员的整个身心都处于极度的紧张状态，伴随产生的情感体验也是强烈而鲜明的。尤其是在势均力敌的比赛中，运动员的情感随着外在变化而不断变化，运动员的情绪必然会直接影响技术、战术的发挥，从而影响比赛的结果。因此，优秀运动员要具有良好的自我情绪控制和调节能力，善于根据场上情况适当调节情绪水平，避免产生过于兴奋或消极的情绪。

（五）团队凝聚力

运动团队是由一定成员构成的，运动员的凝聚力可以看做是广义社会学中的团队凝聚力，反映了团队倾向于凝聚在一起、共同去追求某一目标或对象的动态过程。凝聚力分为任务凝聚力和社会凝聚力。任务凝聚力指团队中的队员团结一致为实现某一特殊的、可识别的目标的努力程度。在篮球比赛中，当球队开始组织一个连续进攻战术或展开全面紧逼防守战术时，体现的是任务凝聚力。社会凝聚力指队中成员相互欣赏，并喜欢成为队中一员的程度。团队具有凝聚力是充分发挥球队整体实力的有力保障，增强团队凝聚力除了可以提高运动员的比赛成绩外，还可以产生其他积极影响，比如集体自我效能、参加比赛的动机和心理动力等。

三、篮球心理训练

（一）篮球运动训练的构成及关系

现代篮球运动训练体系包括体能训练、技术训练、战术训练和心理训练。理论上的体系构成并不意味着各部分是相互独立的。在训练实践中是相互交叉、相辅相成的。脱离技术、战术特点的体能训练是盲目的、无效的；脱离战术背景的技术训练只是简单的身体操练。战术训练也包含着体能和技术的综合训练，心理训练则是渗透到训练过程的各个环节中的。在各种训练过程中，心理训练的侧重有所不同。体能训练是枯燥的，需要运动员保持积极的心态、高度的自制力、坚

韧性和顽强性，因此，体能训练也是培养运动员意志品质和情绪稳定的最佳时机；技术训练是运动员形成专项知觉的主要过程，也是进行表象训练的有利时机，同时注意培养运动员良好思维品质，使所学技术能学以致用；战术训练就是思维训练的过程，除进行个人思维训练外，更重要的是进行集体思维训练。同时，通过完成共同的战术训练目的培养团队凝聚力。

（二）篮球心理训练的原则

1. 自觉性原则

自觉性原则包括两方面含义，一是教练员自觉地运用心理训练；二是运动员自觉地接受和进行心理训练。一些教练员在训练中也采用过一些方法对运动员进行心理训练，并取得了一定效果，但大多数还是根据自己的经验自发地或被动地采用心理训练。如有些教练员在看到运动员遇到困难不能坚持下去、缺乏顽强拼搏的精神时，才意识到要对运动员进行意志品质的训练；有些教练员在运动员因为情绪紧张而比赛失利后，才想到要在赛前请一位运动心理学专家来帮助队员解决心理问题。教练员必须明白，对运动员的心理训练最理想的方式是由教练员实施。教练员应提高心理训练的意识和技能，就像每天传授和提高运动员的体能和技术、战术水平一样，要有意识、有计划地自觉进行运动员的心理训练。教练员对心理训练的投入也会直接影响运动员对心理训练的投入。

另一方面，心理训练的效果很大程度上取决于运动员的自觉性。被动地接受心理训练或应付式的执行不会有好的效果。在激发运动员对心理训练的积极性时，要让运动员掌握心理学的有关知识，了解心理活动规律，充分认识心理训练的作用，掌握心理训练方法，从而自觉积极地进行训练。另外，教练员应及时反馈并激励运动员，做好启发和诱导工作。

2. 长期性、系统性原则

有些教练员认识到了心理训练的重要性，但由于缺乏对心理训练的系统了解，在安排心理训练的时间时，认为青少年需要抽出20%的训练时数进行心理训练，而高水平运动员要抽出80%的时数用于心理训练。这是对心理训练时间安排的一种片面理解。还有些教练员和运动员在心理训练方面仅仅做出了一点点努力就想收到惊人的效果，有些运动员只尝试了几次就放弃了。因为没有收到立竿见影的效果，他们甚至怀疑心理训练的作用。这种功利化的期望就像要在一年内训练出世界冠军一样是不现实的。也有些教练员对心理训练的理解仅局限于放松训练、表象训练等个别具体方法的掌握和应用上。应该指出，教练员必须认识到心理训练并不是一种速效的兴奋剂，必须付出艰苦的努力来发展心理技能。心理训练也是一项长期的工作，教练员必须完整理解、全面系统地贯彻对运动员的心理训练，而不是个别零散地选用，只有这样才能收到心理训练的整体效果。

3. 与体能、专项技战术相结合原则

心理训练与体能及技战术训练相互依存、相互制约、相互促进，教练员要像理解自身项目中的体能和技战术一样理解心理训练。把心理训练的内容巧妙地贯串到身体、技战术训练中去，贯串到每个动作的正确掌握和对错误动作的纠正中去，贯串到每一个技术应用及配合中去，使专项训练中渗透着心理训练的内容，成为日常训练中不可缺少的组成部分。

4. 有形训练与无形训练相结合的原则

使用具体手段和现代仪器解决心理问题，在运动心理学中称为有形心理训练。这种训练采用的手段具体、有形、有色，可直接感知。所用辅助仪器的定量分析细致、可靠，对运动员和教练员都是清楚、明确的，丝毫无保密的地方。与此相反，还存在另一种形式的训练，即无形心理训练，它着重从认知上改变运动员的看法。此种方法多结合运动训练和比赛进行，甚至在教练员与运动员的生活中自然进行。教练员有意识地进行而运动员在不知不觉中自然接受。无形心理训练着眼于整体性的长期心理调节，不局限于个体心理异常状态的解除，但对于运动员的运动心理发展来说，无形心理训练却起着决定的作用。在实际训练中，应当将无形心理训练与有形心理训练结合起来，以无形心理训练为基础，以有形心理训练为手段，解决各自的心理问题。

5. 区别对待原则

进行心理训练时要根据运动员的个体心理差异区别对待。例如，有的运动员属于活泼型，心理表现为灵活性高，转移能力强，但稳定性较差。有的运动员属于安静型，心理表现为稳定性好，灵活性不足。教练员应根据运动员注意力特点的差异，对前者加强注意稳定性训练，对后者加强注意转移和分配的训练。又如，在比赛中运动员经常产生恐惧、胆怯的心理状态，有的可能由于技术的原因引起，有的可能由于经验不足造成，有的可能因为困难的存在而产生等。必须根据不同原因，采取不同措施，区别对待，帮助运动员克服恐惧、胆怯的心理。

（三）篮球心理训练的方法

很多教练员认为，心理训练是用一些特殊的方法单独进行的，还有的教练员不知道如何进行心理训练。事实上，心理训练不是单独进行的，它可以体现在训练的每一个环节中，脱离体能、技战术训练的心理训练不会有理想的效果。心理训练，方法可以是多样的，甚至是具有创造性的。

1. 结合体能的心理训练

现代篮球运动的激烈对抗和快速的攻守转换对运动员的体能要求越来越高，体能训练受到高度重视。在体能训练过程中，增强体能不是唯一的目的。体能训练的目的是要通过系统地增加负荷或训练难度提高运动员的身体能力，这与培养意志品质的方法特点相同。通过加大困难、克服困难、战胜困难来培养运动员的意志品质，在所有的手段和方法中是最有效的。在训练中，有目的地提高训练的难度，包括环境条件、人为设施的保障、疲劳程度等，要求运动员经过努力克服困难，完成任务。当运动员在此过程中主观感受到战胜困难的喜悦时，就会增加信心，获得饱满的精神。

2. 综合技术的心理训练

篮球是技术性要求很高的运动项目，技术训练是任何时期不可缺少的训练内容。高度发展的专项知觉需要长期、不断的训练作保证，而目标设置训练是保证技术稳定提高的有效办法。在技术训练过程中，把长期的目标分解成具体的、可实现的目标，逐渐达到最终目的。同时，技术训练过程也是提高运动员个人思维能力和表现能力的过程。关于目标设置训练及表象训练等具体方法在运动心理学中是较为成熟的，教练员和运动员可以参考相关专著或文章。但重要的不是方法本身的套用和模仿，而是在充分理解专项技术发展规律的基础上，进行创造性的应用，同时，使运动员学会心理训练的方法，使心理训练为技术训练服务。例如，在训练投篮时，教练员可以和运动员一起设置如下目标：在投篮距离上设置由近及远的目标；在难度上设置由易到难的目标；在训练要求上可以要求提高命中率或在提高难度的基础上保持命中率，如未达标可以实施一定的惩罚措施，这也是提高运动员情绪稳定性的方法之一。结合技术的心理训练关键在于对技术和心理训练的深刻理解。理解技术本身对心理素质有何要求，理解心理素质如何对技术发挥作用。比如，投篮是一项基本技术，对运动员的专项运动知觉要求很高，而在比赛的关键时刻对情绪稳定性要求更高。反之，同一种技术训练，由于要求不同，所训练的心理素质也不同。无压力的自由投篮是对专项运动知觉的训练；有压力的投篮是对运动员情绪的训练；一次投篮练习 1000 次以上实际上是意志力的训练。

3. 结合战术的心理训练

篮球战术训练中最重要的心理训练内容就是思维训练和团队凝聚力的培养。思维训练可以从个人思维训练和集体思维训练两个角度进行。个人思维训练结合个人战术行动进行训练，主要培养队员根据本队整体战术的需要和对方攻守的特点以及临场变化的趋势进行战术选择和调整。

第四章

篮球战术训练

篮球战术是在比赛中队员之间有策略、有组织、有意识地协同运用技术进行攻守对抗的布阵行动，是以篮球技术为基础，在战术指导思想和战术意识支配下的集体攻守方法。篮球战术的核心包含了人、球移动的路线，技术方法的选择与组合，动作时间与攻击区等具体内容，从而表现为队员的个人攻守行动、队员间的配合行动及全队队员的整体行动配合上。

篮球战术教学与训练是篮球专项课程的重要组成部分，是为篮球比赛进行战术准备的过程，其目的是在比赛中能有效和有组织地进行攻守对抗，争取比赛的胜利。

第一节　战术基础配合

篮球战术基础配合是全队战术的基础。在比赛中，攻守双方为了在对抗中达到制约和战胜对方的目的，都要采用各种形式的全队战术行动，而这些全队攻守战术都是由一系列不同形式的战术基础配合的集合所构建的。有专家指出"如果把全队战术比喻成一张网的话，战术基础配合就是这张网上的各个结合点"。战术基础配合也是技术与战术相互联系的纽带，是技术运用的重要组织形式。在比赛中，许多攻防技术的组合和运用都是以战术基础配合的形式来体现的。

因此，在篮球课中，加强篮球战术基础配合的教学与训练，不仅有利于学生更好地学习与掌握各种全队战术配合，同时对提高学生的篮球意识与战术素养、发展机动灵活的攻防能力都具有重要的意义。篮球战术基础配合包括进攻战术基础配合和防守战术基础配合两个部分。

一、进攻战术基础配合

进攻战术基础配合是全队整体进攻体系的重要组成部分，也是构成全队进攻战术配合的基础与基本内容。只有熟练、全面地掌握各种进攻战术基础配合，才能更好地学习掌握并运用各种形式的全队战术方法。

（一）进攻战术基础配合的概述

进攻战术基础配合是进攻队员两三人之间为了创造进攻机会，合理地运用各种进攻技术在局部区域组成的配合方法。

进攻战术基础配合可分为传切、策应、掩护和突分四种。这些配合方法的运用在比赛中具有双重功能，它们既可作为独立的战术手段在比赛中随机地运用，也可作为全队整体进攻战术构成的基本要素，在进攻中具有特殊的地位。这些配合方法既可以在两后卫队员或两前锋队员之间进行，也可以在前锋与后卫、前锋与中锋等之间进行配合。在运用中具有发动突然、方法简单、不限区域、配合时间短、灵活机动的特点。但由于结构简单，就某一单个配合方法来讲，变化相对有限，因此，全面掌握各种进攻战术基础配合方法，把它们有机地结合起来运用，才能最大限度地发挥进攻战术基础配合的作用。

进攻战术基础配合一般是由两三名进攻队员参与组织的。从配合形式来看，往往是由持球队员与一两名无球进攻队员之间采取不同技术所完成的，也可在无球队员之间组织进行（如无球队员之间的掩护配合）。其配合的实质，可以说是持球队员的技术运用与无球队员的技术运用的组合，通过这种组合去创造或寻求攻击的机会。

由于进攻战术基础配合是进攻队员在比赛过程中瞬间捕捉出现的进攻机会的一种随机进攻行为，其在很大程度上与队员对运用时机的准确把握相关。

进攻战术基础配合运用时机的把握及运用的效果，取决于运动员的意识和个人的技术能力，以及对时间和空间关系的准确把握。现代篮球比赛由于防守的积极性、攻击性、贴身紧逼能力的不断加强，在进攻中，单纯依靠个人能力摆脱对手、展开攻击已经十分困难，在很多时候必须借助同伴的协助寻找机会，同

伴间的协作配合尤为重要。所以说，进攻战术基础配合的熟练运用也是进攻队员战术素养、配合能力、临场应变技艺的综合体现，对培养队员的配合意识、移动摆脱技巧、战术思维习惯、个人特长和全队技战术特点的发挥也有重要的意义。

（二）进攻战术基础配合的教学

战术基础配合的教学，应安排在攻守技术教学之后进行。在教学中，应先组织进攻战术基础配合的教学。在复习进攻战术基础配合内容的同时，组织防守基础配合内容的学习，使防守战术基础配合的教学更具有针对性，为学习全队整体战术配合打好基础。

组织进攻战术基础配合的教学时，应遵循战术教学的步骤，首先通过讲解与示范，使学生了解配合的概念、运用时机、配合方法和要求。重点分析配合时机的捕捉和利用、配合条件的选择以及队员之间配合动作的协同和应变等，使学生建立战术配合的完整概念，再通过练习掌握配合的人、球移动路线，配合时间把握等方法。在此基础上进一步学习配合的变化以及如何在对抗与比赛情况下提高配合的运用能力。

进攻战术基础配合的教学顺序应是先教传切配合，再教突分配合，然后教掩护配合，最后教策应配合。在进行传切配合时，应先教纵切，后教横切。策应配合先教二人配合，再教三人配合。掩护配合的教学顺序为先教无球队员之间的掩护，再教无球与有球队员之间的掩护；先教原地掩护，后教行进间掩护。

在教学中应抓住重点内容进行改进提高，以点带面。传切配合应强调如何摆脱对手，以及传球技术的运用，重点抓正面（纵切）和侧面（横切）的配合。突分配合重点掌握突破分球的时机、传球方法及切入队员的路线。掩护配合中应重点掌握侧掩护配合，强调掩护动作、位置、距离、角度等因素以及掩护后转身和移动路线。策应配合重点抓中锋的策应配合，强调中锋策应技术的运用以及外线队员与中锋的配合方法。

在选择练习时，应遵循从易到难、从简到繁的训练原则。例如，学习掩护时，先教给持球同伴去做侧掩护，再教不持球同伴的掩护和运球中掩护，逐步增加对抗性的练习。在掌握基本的配合方法之后，再巩固提高配合的质量与配合效果。

在教学训练中加强教学管理，对每个细节都应严格要求，重视学生配合意识的培养，强调配合时机，注重配合质量与配合效果，以提高学生的战术素养和战术意识。

（三）进攻战术基础配合的训练

1. 进攻战术基础配合训练要点

① 在训练中，应重视配合意识的培养，提高协作精神和配合能力。强调配合的节奏与变化，根据队员的训练水平与训练任务，逐步提高训练要求，不断提高队员的应变能力。

② 应根据战术配合方法的技术要求，狠抓基本技术，如移动摆脱、假动作、传接球、持球突破、投篮等，注意增加练习的数量，提高练习质量。

③ 应狠抓困难条件下的练习与提高，把进攻战术基础配合与全队进攻战术有机地结合起来，通过教学比赛来巩固，提高配合的质量。

④ 练习方法要从教学对象的实际情况和实战需要出发，注意根据教学对象的具体条件和特点进行训练。

2. 进攻战术基础配合训练方法

（1）传切配合的练习

传切配合是学习与掌握其他战术基础配合方法的基础，具有配合简洁、突然、攻击性强的特点。在训练中，要求切入队员根据临场情况掌握切入时机，将假动作与速度结合，快速摆脱防守；传球队员要利用瞄篮、突破、运球或假动作吸引、牵制对手，及时准确地将球传给同伴。传切配合的训练还应加强与其他配合的结合，提高队员运用传切配合的应变能力。

（2）掩护配合的练习

掩护配合的形式和方法很多，从组成掩护配合的行动看，一是掩护者主动给同伴做掩护，使同伴借以摆脱防守；二是摆脱者主动移动，利用同伴的身体位置将对手挡住，使自己摆脱防守。掩护配合可在不同的位置进行。掩护时，要强调掩护配合的时机和移动路线，被掩护的队员要隐蔽行动意图与方向，运用假动作吸引对手。同时，要加强掩护配合应变能力的训练。

（3）策应配合的练习

练习策应配合时，要求策应队员积极抢占有利位置，接球时两脚开立，用身体和躯干将对手挡在背后，两手持球于胸前，两肘外展，注意保护好球。接球后，随时观察场上情况，判断好主攻与助攻的时机，处理好内外结合的关系。在策应时要用转身、跨步、假动作及时调整策应的方向和位置，以便协助同伴摆脱防守，增加策应的成功率。

（4）突分配合的练习

突分配合方法主要有两种：一是运用突破压缩对方守区，传球给外围队员投篮；二是突破后传球给空插队员或中锋投篮。进行突分配合的训练时，强调突破时重心下降，侧肩护球，动作要突然、快速而有力，突破中随时观察场上攻守队员行动和位置的变化，既要做好投篮的准备，又要及时、准确地传球给摆脱防守后处于空位的同伴；其他队员要把握时机，及时摆脱对手，迅速抢占有利位置接球攻击。

二、防守战术基础配合

防守战术基础配合是防守队员在全队整体防守行动中，在局部区域为了破坏对方的进攻所运用的两三人之间的协同防守方法，是全队防守战术体系十分重要的组成部分。

（一）防守战术基础配合的概述

防守战术基础配合是在局部区域展开的防守配合行动，是由两三人参与的一种对进攻队员的各种进攻行动所实施的一种协同的控制和制约，具有小组配合的性质，是组成全队防守战术的基础。

现代篮球比赛中变化最为突出的是防守战术的发展。防守战术的发展又很大程度上依赖防守配合的提高。在现代篮球比赛中防守更加凶狠、拼抢更加积极、对抗更加激烈，这些发展的前提是防守配合的大量使用。比赛中可以随时看到协防、补防、关门和夹击。运动员熟练地运用这些配合来破坏和制约对方的有效进攻，使进攻方频频出现错误。防守战术基础配合在篮球比赛中的作用也越来越显重要。

防守配合是同伴间积极合作，破坏对方进攻配合的协同防守行动。随着现代篮球个人攻击能力的日益加强，在比赛中单靠一对一防住对手已经是非常困难的事情，进攻队员之间的频繁配合，给防守造成巨大的压力。因此必须靠同伴间的协同行动，才能有效地制约对方。防守战术基础配合也是整体防守战术的基础，它对培养队员观察判断能力、增强配合意识，变被动为主动、提高整体防守质量有重要作用。

防守战术基础配合的攻击性在于积极主动地破坏对方的习惯配合，最大限度地控制对方队员的活动和队员之间的联系。

防守战术基础配合的质量好坏，取决于个人防守能力和协同防守的意识。从全队整体防守的角度来看，防守战术基础配合虽然参与具体行动的是两三名防守队员，但实际上，局部对持球进攻队员进行各种防守行动的同时，其他区域的防守队员也要进行相应的轮转换位和位置调整，以控制无球区进攻队员的各种行动。所以从严格意义上讲，任何一种防守战术的运用，都是全队的防守行动，是局部对球的控制和对无球进攻队员及无球区域控制的统一，这也是防守战术基础配合的特殊性所在。

（二）防守战术基础配合的教学

1. 教学建议

防守战术基础配合的教学在提高个人防守能力的基础上要让学生掌握防守战术基础配合的方法，注意配合中位置的选择与调整，时间要合理及时。

根据教学计划，可把挤过配合、穿过配合和交换配合作为主要教学内容，夹击配合、关门配合与补防配合作为一般教学内容，其他教材内容可根据教学安排，作为学生的自学内容。

防守战术基础配合的重点应首先抓好"关门""挤过"、交换防守等配合，先从配合的动作方法、移动路线、防止对手移动摆脱、防守接球等各种练习开始，然后再进行两三人配合的练习。

在练习时，应遵循从易到难、从简到繁的训练原则。练习中要选择典型实例作为重点练习内容。配合人数先两人后三人，由原地配合到行进中配合，最后攻守结合。

在组织防守战术基础配合的教学时，要与进攻战术基础配合结合起来练习，由固定到变化，由消极到积极，由局部到全局，由个体到整体，逐步提高防守战术基础配合的运用能力，并将不同的防守战术基础配合有机地结合起来进行练习，提高队员的配合意识和应变能力。

2. 教学组织

防守战术基础配合的教学组织与安排，可先学习挤过配合，然后再教补防、"关门"配合，最后教交换、穿过、绕过配合与夹击配合等，也可根据教学计划安排与教学实际需要进行适当的调整。

（1）挤过、穿过、绕过配合的教学

挤过、穿过、绕过配合是用于破坏对手掩护配合的积极有效的方法之一。其

共同特点是，配合前后始终保持防守对手不变。在教学中应抓住这一配合特点，使学生正确掌握各自不同的配合方法，明确配合要求，强调运用时机，提高运用效果。

（2）交换配合的教学

交换配合是对付进攻队员掩护配合时所采用的一种防守配合方法，通常运用于被掩护进攻队员不能迅速地运用挤过或穿过配合时。防守掩护的队员通过喊话呼应，及时交换各自的防守对手，以达到破坏对方切入的目的。

（3）"关门"配合的教学

关门配合是临近的两名防守队员协同防守突破的配合方法。当进攻队员运球突破时，防守突破的队员向侧后方移动挡住其移动路线，临近突破一侧的防守队员，应及时快速向突破队员的前进方向移动，与防守突破的队员靠拢，像两扇门一样关起来，堵住突破者的前进路线。

（4）补防配合的教学

补防配合是两名防守队员之间的一种协同配合方法。当同伴被突破时，邻近的防守队员立即放弃自己的对手，去补防那个威胁最大的进攻者，漏人的防守队员则要及时换防。

（5）夹击配合的教学

夹击配合是指防守队员利用对手运球停止的时机，突然快速上前与同伴一起限制对手的活动或封堵对手传球的一种配合方法，该配合具有较强的攻击性，常在紧逼人盯人战术和夹击式的联防防守时运用。

（三）防守战术基础配合的训练

1. 防守战术基础配合训练要点

① 在复习进攻战术基础配合的过程中，有意识地组织防守战术基础配合的训练内容，促进攻守战术配合的有机结合。

② 在训练中，重视队员防守战术基础配合意识的培养。在教不同的防守战术基础配合时，要使学生了解完成配合的不同环节、条件、地点、时机、技术动作及队员之间的协同配合动作和应变方法等。

③ 应重点抓好"关门""挤过"、交换防守等配合。可先从配合技术、移动路线、移动中摆脱防守接球等各种练习开始，然后进行两三人配合的完整练习。

④ 要重视与加强防守配合技术的训练，如挤过的跨步、穿过的后撤抢步、

夹击的身体动作与手的动作、关门时的侧跨步抢位等。严格技术规格，强调技术动作的力度与动作幅度，提高完成动作的速度。

⑤ 练习中要选择典型实例作为重点练习内容。配合人数先两人、后三人，由原地到行进中，最后攻守结合。进行对抗性的训练时，从消极逐渐过渡到积极，最后在近似比赛或教学比赛中，通过比赛对抗，逐步提高防守配合的质量。

2. 防守战术基础配合训练

具体的练习包括以下内容。

① 挤过配合的动作练习。

② 穿过配合的辅助练习。

③ 防守运球掩护的挤过与穿过配合动作练习。

④ 防守无球掩护时的挤过、穿过、绕过和交换防守配合练习。

⑤ 防守掩护的两人配合练习。

⑥ 半场防守掩护后运球突破练习。

⑦ 半场二对二交换防守配合练习。

⑧ 防守掩护配合的综合练习。

⑨ 全场二对二交换防守的配合练习。

⑩ 围夹中锋的练习。

⑪ 防守突破的关门配合练习。

⑫ 三人轮转补防练习。

⑬ 二人补防练习。

第二节　快攻与防守快攻

快攻与防守快攻是现代篮球比赛攻防战术体系的重要组成部分，也是全队战术组织不可缺少的一部分。在比赛中，快攻与防守快攻的成功运用，不仅能快速增加本队得分，抑制对方的得分，还能大大地提高本队的士气，增强必胜的信心。快攻与防守快攻能力的增强，对提高队员攻守转换意识也有积极的作用。当前，各级篮球队都把快攻与防守快攻战术作为全队战术训练的基本内容，同样快攻与防守快攻也是篮球教学的重点内容。通过教学，力求使学生熟悉并深入理解这一战术的基本理论，掌握其战术组织的方法和基本要求，

在实战中运用并创新。

一、快攻战术

快攻战术的运用体现了当代篮球比赛的风格和进攻战术的发展趋势，反映了篮球运动快速、灵活、全面、准确的特点，它对培养篮球运动员良好的心理素质和积极主动、勇猛顽强的作风，提高运动员的体能和技术运用能力，发展和提高篮球意识，提高进攻战术的质量都具有十分重要的作用。

（一）快攻战术概述

快攻指在由守转攻时，攻方获球后以最快的速度，在最短的时间内组织快速攻击，力争获得人数、位置、时间、空间上的优势与主动权，快速果断完成攻击的一种特殊战术形式。快攻具有发动突然、攻击迅速、成功率高的特点，同时也存在不确定性。快攻战术的核心是争取时间、创造战机、速战速决。在比赛中，充分发挥快攻的威力，能破坏对方固有的防守体系，给防守造成很大的压力，并能增强本队的信心和勇气，争取场上的主动权，增加更多的得分机会，收到良好的进攻效果。

快攻是篮球比赛最早运用的一种进攻战术。早在 1893～1895 年，美国就开始盛行这种快速偷袭的进攻方式，即固定一个人在前场，准备接球后长传快攻。这种长传快攻是在抢到后场篮板球和对方罚球不中抢球后一传到前场的基础上发展起来的。1894 年，规则中实行了中圈跳球规定。1896 年就有了跳球配合，这种配合最早起名为"人在球前的配合"，逐渐演绎成跳球快攻战术。1937～1940 年，实行投篮和罚球命中后由对方在端线掷界外球继续比赛的规则，改变了过去投中和罚中球后都必须在中圈跳球继续比赛的规定。抢发端线界外球的快攻在跳球快攻的基础上发展起来。后来，为了获得更多的因防守反击带来的快攻机会，加强了对篮球防守战术的重视和研究，防守的攻击性和破坏性越来越强，抢断越来越多，以抢断为基础的抢断快攻在比赛中频繁出现，占据了越来越重要的位置。随着快攻战术的发展，抢断快攻已成为现代篮球进攻战术中最锐利的武器，也是最有效的反击得分手段。

根据快攻的战术结构，快攻战术的组织形式主要有长传快攻、短传结合运球突破快攻和个人突破快攻等方法。在比赛中，抢获后场篮板球，以抢、打、断球，跳球后获球，掷后场端线界外球等情况也都是发动快攻的时机。其中，

抢断球快攻是发动快攻的最好时机，也是快攻成功率最高的一种战术方法。抢获后场篮板球是发动快攻的主要方式，在很大程度上直接决定一个队组织快攻战术的数量，对快攻的质量也有直接影响。

长传快攻指防守队员在后场获球后，通过一次或两次传球，直接将球传给快下的进攻同伴进行直接攻击的一种快攻形式，其特点是突然性强、进攻时间短、速度快、战术组织简单，一旦发动不易防守，是一种成功率较高的快攻战术形式。但要求快下队员意识强、速度快，发动队员传球要及时、准确、视野开阔。长传快攻从战术结构上分为发动和结束两个阶段。由于结构相对简单，也同时决定了它在战术上具有弱点和缺陷，表现为攻击力相对单薄，直接参与快攻的人数少、结构简单，攻击阶段缺乏战术上的变化。长传快攻的配合形式主要有抢篮板球后的长传快攻、掷后场端线界外球的长传快攻、断球后的长传快攻。从技术层面来看，长传快攻的配合主要体现在快速情况下队员传球和接球的准确配合。

短传结合运球突破快攻是快攻战术运用的主要组织形式。当防守队获球后，通过快速地传球或运球突破结合短距离的传球，迅速地将球推进到前场，快速地形成合理的攻击队形并展开攻击。这种快攻具有灵活、机动、多变的优点，参加配合的人数多，容易造成以多打少的局面。

短传结合运球突破快攻与长传快攻相比较，在战术结构上较为复杂，一般包括发动与接应、快攻的推进、快攻的结束三个阶段。发动与接应是组织快攻的重要环节，特别是由守转攻后，队形的分散和一传的速度非常重要。快攻的发动指队员获球后的第一行动，是快攻战术能否展开的首要环节，也是快攻组织的关键。快攻接应指在快攻时，进攻队员及时、快速地选择有利位置接第一次传球。接应是快攻战术的重要环节。接应的方法包括固定接应和机动接应两种。固定接应又有固定区域固定队员的接应、固定区域不固定队员的接应及固定队员不固定区域的接应等形式。快攻的推进，指快攻发动与接应后至快攻结束前，中场配合的阶段。在此阶段快下队员应保持前后左右的纵深队形，以快速完成推进。推进形式有传球、运球以及传球与运球突破结合。快攻结束阶段指快攻推进到前场，完成最后攻击阶段的配合，是快攻成功与否的关键。快攻结束阶段的配合方法主要有以多打少、人数相等等多种形式。

个人突破快攻指队员抢断球或抢篮板球后，抓住战机，快速超越对手，直接运球突破到篮下展开攻击得分。它具有突然性强、方法简练、机动多变的特点，要求队员具备强烈的快攻意识、顽强的敢打敢拼的比赛作风、高超的个人突

破技术与强攻得分能力。

（二）快攻战术的教学

快攻是全队进攻战术的主要内容，也是比赛中全队战术运用的首选战术方法。因此，一般应安排在攻、防战术基础配合之后进行教学。

快攻战术的教学步骤可先完整讲解与示范，再进行发动与接应、推进与投篮的分解训练。先掌握结束段的配合方法，即以多打少、人数相等和以少打多的配合，然后再学习快攻的发动与接应，最后组织全队进行快攻配合的完整练习，逐渐增加防守和对抗难度，并在比赛实践中运用提高。

教学中应先教长传快攻，再教短传结合运球快攻；先教快攻的发动与接应，再教快攻的结束段，最后学习快攻推进与全队配合。

快攻战术教学应先在固定形式下练习快攻的基本方法，逐步过渡到机动情况下练习；先从无防守过渡到消极防守，直至在积极防守情况下进行练习。

全队快攻战术配合可先教抢篮板球后的快攻，再教断球快攻、掷界外球快攻；可先从区域联防发动快攻开始，然后在人盯人防守情况下进行，最后在接近比赛形式下进行。

快攻教学应以抢后场篮板球发动快攻、短传与运球结合的推进、以多打少的结束段为教学的重点。

（三）快攻战术的训练

1. 快攻战术训练要点

在快攻战术训练中首先要清楚了解现代快攻的特点，明确和掌握当前世界强队快攻发动及组织的特点，确立以快速技术为基础的快攻观念。结合当前快攻战术的发展特点和本队的实际情况，设计本队的快攻战术体系。

快攻战术的训练中，要强化快攻意识的培养，把战术训练与技术、身体素质和思想作风的培养紧密结合。在训练中要突出重点，对接应分散、快下、跟进以及跑动路线和前后层次等要有明确要求。重点抓好中路推进的分球与突破，加快推进速度；结束阶段要抓好三攻二和二攻一配合，提高快攻的质量与成功率。

在掌握快攻战术方法的基础上，提高全队的攻守转换速度，做到队形分散快、快下队员跑动快、后线队员跟进快。培养运动员快攻的"强烈"愿望，首先在跑动速度和运、传、投各个环节上突出一个"快"字，确立快速风格的指导思想，并统一到教练员所制定的总体计划上。从思想、作风、体能和技术上都突出快速风格，上下一致，全力以赴，落实训练。

快攻风格的重要基础是快速技术和快攻战术意识，教练员要在训练和比赛中抓住每一次快攻的机会进行磨炼，反复强化。

提高快速技术一定要同时提高队员的反应速度、起动速度、位移速度和动作速度，只有在每个环节上突出快，才能达到训练的效果。因此，教练员必须要求运动员每一个练习、每一场比赛都要全力以赴，尽最大的努力，在高速度、高强度对抗中完成。

对有一定训练水平的队员可重点加强一对一和二对二的快速技术训练，结合守转攻和阵地进攻战术组织训练，加强比赛训练法的运用。可运用"加分""扣分"等特殊规定激励运动员，提高快速意识和快速技术。

在教学与训练中，应把快攻与防快攻结合起来训练；把快攻训练与阵地进攻战术衔接阶段的训练相结合。

2. 快攻战术训练方法

（1）快攻的快速技术训练

快速技术是组织快攻战术的基础，也是影响快攻战术发挥的重要因素。无论是在快攻战术教学或快攻战术训练中都应重视和加强队员快速技术的训练，这也是篮球快攻训练的重要内容，对全面发展队员的竞技能力具有积极的作用。快速技术的训练要强调以最快的速度完成技术动作，并达到熟练、自如、实用、准确，把快攻意识的培养与技术、身体素质的训练和思想作风的培养紧密结合。

（2）长传快攻的练习

具体的练习包括以下内容。

① 全场接长传球上篮的练习。

② 全场长传快攻的配合技术练习。

③ 防守下的长传快攻练习。

④ 结合防守的长传快攻练习。

（3）短传结合运球快攻的接应与推进练习

具体的练习包括以下内容。

① 抢篮板球—一传接应的练习。

② 连续插边接应运、传球练习。

③ 二对二抢篮板球转快攻一传的结合练习。

④ 全场接应传球、推进上篮的练习。

（4）快攻结束段以多打少的练习

具体的练习包括以下内容。

① 半场二打一的练习。

② 半场三打二的练习。

③ 全场二打一的连续转换练习。

④ 结合抢篮板球后的全场二打一练习。

⑤ 全场快攻三打三的练习。

⑥ 三人转换快攻二攻一的练习。

⑦ 全场三人二打一的练习。

⑧ 快攻结束段二打一转三打二的练习。

⑨ 半场二对二转全场追防快攻反击的练习。

⑩ 全场传接球上篮转换成三人快攻的练习。

⑪ 全场三打二转三打三快攻练习。

（5）全队整体快攻的练习

具体的练习包括以下内容。

① 全场五人快攻的完整练习。

② 由守转攻全场五人快攻练习。

二、防守快攻战术

防守快攻是全队防守战术体系的组成部分，掌握防守快攻的战术方法能制约对方的进攻速度，为本队按计划、有组织地实施有效的防守阵式争取时间。

（一）防守快攻战术的概述

防守快攻是在由攻转守的瞬间，全队有组织、有针对性地阻止和破坏对方快攻的防守战术，是全队防守战术体系的组成部分。

现代篮球比赛速度不断加快，快攻意识增强，快攻得分比重增大，正确地掌握和积极运用防守快攻战术在比赛中尤为重要。防守快攻战术在积极防守的思

想指导下，强调整体布防。队员各司其职，行动一致，积极主动地从不同位置全面追堵，阻止与破坏对方快攻。

防守快攻首先要在进攻时尽量减少失误与违例，不给对方偷袭快攻的机会；同时要掌握好投篮时机，布置队员积极拼抢篮板球和退守，注意攻守平衡。进攻投篮后，立即积极组织拼抢前场篮板球，既可获得再次进攻的机会，也有利于立即转入封堵对方第一传的防守。一旦对方抢到篮板球或掷界外球时，要防止对方长传偷袭快攻。积极进行堵截、夹击与控制，破坏和干扰其传球、突破，力争制止对方发动快攻。这也是防守快攻战术配合的关键。

防守快攻战术的实施，是要封堵对方第一传，阻截接应队员，干扰其向接应区移动，抢占其习惯的接应点，要积极追防快下队员，在中场堵截、干扰、阻挠对方，使其不能顺利地传球和运球，延缓对方的快攻速度而达到破坏对方快攻的目的。在防守中，力争防守人数均等。即使以少防多，也要做到沉着冷静、机智果断、大胆出击，赢得时间上和人数上的均衡。对对方在任何位置上的投篮，都要积极进行干扰和封盖，影响其命中率，并要积极拼抢篮板球。

防守快攻战术的运用相对于阵地防守而言难度较大，特别是防守抢断球发动的快攻。防守快攻更强调全队强烈的快攻意识和快速有序的集体战术组织，其全队战术行动是在不同区域和不同时段同步展开的。从防守快攻的战术环节来讲，最为关键的是攻守转换的瞬间对持球进攻队员一传的封堵或对其运球突破过程中突破路线的卡堵，要最大限度地限制其一传和推进的速度。同时，要求其他队员快速退守，边退边防。参与退守的人越多、退守的速度越快，对于快攻防守的效果也越好。

（二）防守快攻战术的教学

防守快攻战术的教学要与队员的攻守快速转换意识的培养联系起来，与快攻战术教学结合进行，一般应先组织快攻战术的教学，之后再进行防守快攻战术的教学，以有利于队员正确掌握其战术配合方法，促进攻守质量的提高。

在防守快攻战术教学的初学阶段，首先应把防守快攻的方法与基本要求讲清楚，使学生对防守快攻有初步了解，能合理地使用防守技术。

防守快攻教学应采用分解法，按堵截快攻第一传与接应、防守对方推进、防守结束阶段分别进行教学，在掌握各阶段的防守方法基础上，再进行整体防守战术的教学，应注意由易到难逐步增加进攻难度，在比赛实践中运用提高。

在防守快攻的教学训练中应以一防二、二防三作为练习的重点。在整个教学

训练的过程中，应始终注意加强拼抢篮板球，要加强封一传、堵接应、防运球突破、补防、以少防多等防守技术和配合的训练，提高防守快攻的质量。

（三）防守快攻战术的训练

1. 防守快攻战术训练要点

① 在训练中，不断强化快速攻守转换意识，把拼抢前场篮板球与积极退守紧密衔接，做到反应快、起动快、全场领（追）防、多人退守，紧逼控球队员，积极封、扰、抢、断，尽量避免以少防多的局面发生。

② 防守快攻的训练应与比赛作风的培养紧密结合，树立和锻炼坚韧不拔的意志品质和顽强拼搏的作风，反复跑动，积极干扰，永不言弃。

③ 防守快攻训练要与快攻训练密切结合。应针对快攻特点组织、模拟防守训练，在组织快攻练习的情况下进行一防一、二防二和三防三的防守快攻技术训练，结合由守转攻和阵地进攻战术训练有针对性地组织比赛训练。

④ 通过教学竞赛，不断提高防守快攻的质量，促进防守快攻战术能力的提高。

⑤ 采用五人防守快攻训练时，要提高集体防守的攻击性和控制对方进攻速度的能力，提高攻守转换速度。

2. 防守快攻战术的训练方法

① 拼抢前场篮板球是破坏对方快攻战术组织最有效的方法，封堵一传与接应则是破坏对方快攻发动的关键。它们是防守快攻战术方法的基本内容，在训练中必须给予重视，并可结合起来加以训练。在训练中，应狠抓战术意识与拼抢能力，强化由攻转守时对球的控制，提高干扰与破坏对方一传与接应的能力，把强化意识与行动转化结合起来。

② 在防守快攻推进与结束段的练习中，应抓好队员的快下意识，强调快下速度，重点提高队员以少防多的能力。

第三节　攻防人盯人战术

防守人盯人战术与进攻人盯人战术是篮球全队战术体系的重要组成部分，也是篮球比赛中运用最多的一类全队攻守战术方法，一直都备受各级篮球队的重视，也是体育院校篮球战术教学与训练的主要内容。

一、人盯人防守战术

（一）人盯人防守战术的概述

人盯人防守以盯人为主，每名防守队员严密盯防自己的进攻对手，兼顾球的位置和所在的防区，做到人、球、区兼顾，并与同伴协同配合而实现全队防守任务与目的，是一种全队防守战术方法，也是篮球全队战术体系的重要组成部分。人盯人防守战术也是现代篮球比赛中运用最多、最重要的战术方法之一。

据史料介绍，人盯人防守战术是篮球运动中最早产生的一种防守战术（man to man defense）。早期的人盯人防守是全场人盯人，1897年出现于美国，要求每名防守队员严密防守自己的进攻队员，无论进攻队员跑到哪里，都要像胶水一样"黏"住对手，使对手不能运球突破、传球和投篮得分，这种防守也被称为"胶水式"盯人防守。当时，这种人盯人防守战术仅限于个人行动，每名防守队员相对孤立，缺乏防守的整体性，容易被对方各个攻破。随着篮球运动的不断发展，个人防守能力不断提高，全队配合能力大大增强，促使现代人盯人防守战术有了很大的发展。防守的主动性与破坏性更强，战术手段更加丰富，战术方法更加合理，战术运用更加广泛，从而增强了现代篮球运动攻守对抗的激烈性和观赏性。

人盯人防守战术可分为半场人盯人防守和全场紧逼人盯人防守两大方式。这两种战术体系具有各自的战术配合方法，但防守的侧重点都是以人的控制为重点，兼顾球和区的控制。两种战术系统的主要区别在于对人的控制范围：一个是在全场范围展开的人盯人防守，另一个则是退回到本方后场，在半场范围内展开的人盯人防守。人盯人具有相对固定的防守对象，在防守过程中主要是以对自己所防守对象的控制为主。不论是防守持球的进攻队员，还是防守无球的进攻队员，首要的前提是必须尽最大努力严密控制自己所防进攻队员的各种进攻行动。但是，人盯人防守战术又不能将其简单地理解为一个防一个，并非仅是防住自己的对手，而是在对具体的防守对象的控制过程中，有球和无球之间、不同的防守区域之间强调相互紧密联系，以防人为中心，结合对有球和无球攻方队员的各种有威胁的移动和进攻行动的综合控制和破坏，共同形成一种严密的整体防守体系。人盯人防守的优点是分工明确，能发挥队员防守的积极性，提高防守的责任感。它针对性强，能根据彼我双方特点分配防守任

务，机动灵活地调整防守部署，控制对方的进攻重点。它的主要缺点是易被对方在局部地区各个击破。

半场人盯人防守战术指球队在前场进攻投篮后球中篮，或因进攻违例、犯规等失去球权后，放弃前场的防守，迅速退回后场，每名队员负责盯防分工的防守对手，兼顾对球和区的控制，并与同伴协同配合所进行的一种防守战术。它是人盯人防守战术体系中最具代表性、运用最普遍、实用性最强的一种防守战术，也是篮球运动中最基础的全队防守战术。这种战术分工明确，责任到位，针对性强，便于队员掌握。它能有效地控制对方进攻时的习惯打法，充分发挥队员的个人防守能力，调动个人防守的积极性。比赛中，防守队员可根据人、球、区的不同位置及其他同伴和对手的情况，随时调整防守位置，使自己始终处在最佳的防守位置上，并合理运用防守战术基础配合与同伴构成一个整体防守系统。

根据防守的范围和防守的重点，半场人盯人防守可分为半场扩大（紧逼）人盯人防守和半场缩小（松动）人盯人防守两种。半场扩大人盯人是一种带有紧逼性的防守方法，主要以争夺球为目的，封堵、切断对方的传球路线，阻止三分投篮。这种防守方法主要是针对对方外线投篮比较准确、个人突破能力强以及全队的整体进攻配合质量相对较差的球队采用。防守的范围一般在8～10米，力求有效遏制对方的外线进攻，打乱对方的行动计划。同时，半场扩大人盯人也用于加强外线防守，切断内外线之间的联系，使进攻中锋没有获得球的机会，破坏对方内外结合的习惯打法，造成对方心理的紧张，并及时组织夹击对方控球队员，迫使其传球失误，为抢、断球发动快攻创造机会。

半场缩小人盯人防守是一种相对较松动的防守方法，重点是加强对进攻球队内线队员的防守。这种防守方法主要是针对对方外线投篮准确性相对较差、而个人的突破和内线的攻击能力较强的球队采用。防守的范围一般在6～7米，是以加强内线防守、控制限制区附近区域为目的的针对性极强的防守方法，有利于保护篮下，对以外线突破和内线进攻为主的球队防守效果明显，可以有效地抑制其进攻的节奏。同时，非常有利于控制防守篮板球，为发动快攻创造条件。

全场人盯人防守战术，指在由攻转守的过程中，守方以最快的速度，在全场范围内找到每一名防守队员具体分工防守的进攻队员，并在防守过程中根据球和攻方无球队员的各种变化，通过各防守队员之间及各防守区域之间紧密、协调的配合，在全场范围内综合、全面地对攻方的各种进攻行动进行积极主动的控制

和制约的一种整体防守战术。这种防守运用突然、气势强悍，可加强前场和中场的争夺，防守的攻击性较强。基于全场人盯人防守战术在战术结构上的一些特殊要求和战术系统在功能上所显现出的一些特点，也将全场人盯人防守战术称为全场紧逼人盯人防守战术。

人盯人防守也有它自身的弱点和战术上的缺陷，主要表现为防守的队形相对分散，防守的位置和区域变化较大，进而给整体的协防带来一定的难度，容易被进攻球队在弱点位置和区域击破。

随着现代篮球运动的发展，人盯人防守战术方法与战术理念都得到了很大的发展，战术内容更加丰富，防守的攻击性和破坏性得到加强，各级球队都把它作为重要的战术方法和手段在训练和比赛中加以运用。从当今世界篮球比赛来看，尽管综合防守的趋势有所发展，半场人盯人防守依然是各队的主要防守阵式。

（二）人盯人防守战术的教学

人盯人防守战术的教学组织，主要包括半场人盯人防守与前场人盯人防守两部分。

人盯人防守战术的教学，应以半场人盯人防守为主。首先组织半场人盯人防守战术教学，从个人脚步动作、防守技术运用及防守战术基础配合抓起，在此基础上进行全队防守战术配合的教学。

可运用录像、战术沙盘、图表或黑板等手段，对人盯人防守战术方法、战术原则进行讲解、演示，使学生建立完整的战术概念，明确战术方法和战术运用的基本要求。

先教半场缩小人盯人防守战术，再教半场扩大人盯人防守战术，再进行全场人盯人防守的教学。半场人盯人防守的教学，应先学习局部防守战术配合，即先教强侧的防守配合，再进行弱侧防守配合的教学，然后进行全队整体防守配合练习。全场人盯人防守应安排在半场人盯人防守教学之后进行，与进攻全场紧逼人盯人防守教学结合起来。全场人盯人防守重点学习前场和半场的紧逼防守方法；先进行两三人配合练习，后进行全队战术配合练习。

在教学与训练过程中要加强个人防守能力与提高防守基础战术的练习；加强攻守转换速度的练习和前场紧逼防守与夹击、补防的练习。还要加强身体素质的训练，尤其是速度和耐力的训练，以及学生勇敢顽强、坚忍不拔的战斗作风和意志品质的训练。

最后在半场或全场的对抗练习中掌握和提高全队防守战术配合的方法和能力，在教学比赛中提高和培养学生的实战对抗能力和意识。

（三）人盯人防守战术的训练

1. 人盯人防守战术训练要点

① 在训练中，积极贯彻以防"球"为主的防守原则。对持球队员采用平步近身或贴身紧逼防守，严防对手，扩大防守面积，封盖投篮，干扰传球，堵截运球，及时追防。

② 半场人盯人防守训练的重点强调以盯人为主，人球兼顾，注重协防；在盯人时要根据球在场上的位置，随时调整防守对手的位置、距离。

③ 在训练中，强调对无球人的防守采用"错位"抢前防守，做到人、球、区兼顾。根据对手距球的远近抢占有利的位置，控制对手接球，堵截其向球移动和空切篮下的路线，积极破坏无球队员的配合行动，减少进攻队员获得接球的机会。

④ 在抓好个人防守的基础上，加强防守基础配合与协防、补防的训练，以增强队员的挤过配合意识与能力。

⑤ 加强防守的针对性训练，有计划地安排对进攻队的重点攻击区与攻击点的防守训练，如采用缩小人盯人战术防守对方中锋篮下强攻，以及对方外围运球突破能力强时的防守配合训练。当对方篮下攻击能力不强而外围投篮准时，采用扩大人盯人防守的半场紧逼防守。在防守过程中应加强防守的伸缩性与应变性训练。

⑥ 训练中，应强调对内线的防守以破坏其接球为重点。根据中锋进攻的特点合理地采用绕前防守或围守中锋的防守方法，其他队员及时轮转补防。

⑦ 全场紧逼人盯人防守的技术训练重点在于高强度的防守能力与专项身体素质的保障。其中个人防守能力中的快速移动能力与身体对抗能力是保证全场紧逼人盯人防守战术有效实施的基石。

2. 人盯人防守战术训练方法

（1）半场人盯人防守战术的练习

① 移动选位的防守练习。防守的选位与移动是掌握半场人盯人防守战术的基础，通过此环节的训练，使队员明确防守技术在运用中的基本要求，提高队员个人防守技术的运用能力，为学习全队人盯人防守战术打好基础。

② 局部防守配合的练习。局部防守的配合是全队防守战术的一部分，可根据本队的具体防守战术方法在练习中提出相应的要求，使队员掌握配合方法，提高配合质量，逐步与全队防守战术相衔接。

③ 全队五人完整战术配合练习。组织完整战术配合练习时，应根据本队战术的安排，按照半场扩大（缩小）人盯人防守的战术要求，侧重组织练习，逐步掌握半场人盯人防守战术方法。

（2）全场紧逼人盯人防守战术的练习

全场紧逼人盯人防守是通过在前场、中场、后场的不同区域实施的三个阶段的防守而进行的全队防守战术配合。因此，训练中也应遵循这一规律，分区、分阶段进行训练，组织练习。

全队整体防守的练习是学习与掌握全队战术方法的重要环节。在练习中，可根据队员的训练水平，提出练习要求，改变练习条件，逐步过渡到正常条件下的攻守对抗练习，从而掌握全场紧逼人盯人防守战术方法。

二、进攻人盯人防守战术

进攻人盯人防守战术是现代篮球进攻战术体系的重要组成部分。它是针对人盯人防守的特点、防守范围的大小及防守队员防守能力的强弱，并结合本队实际情况而制定的一种有组织的全队进攻配合方法。比赛中，由于人盯人防守的普遍运用，进攻人盯人防守的战术方法也成为各级球队必须掌握的主要战术内容之一。

（一）进攻人盯人防守战术的概述

1. 进攻半场人盯人防守战术

进攻半场人盯人防守战术是进攻队根据对方在前场不同的防守形式与防守特点，从本队的具体情况出发，最大限度地发挥队员的特点，通过一定的阵型，综合运用各种掩护、突分、传切和策应等基础配合所组成的全队进攻战术方法，是比赛中运用最多的一类进攻战术方法。

进攻半场人盯人防守战术是一种典型的阵地进攻。首先要求全队进入前场后迅速落位布阵。进攻的落位方法和阵型，强调以本队的身体条件和技术特点以及对方的防守情况为依据，进行合理的选择。进攻中常用的落位布阵方法如下。

① 单中锋落位：布阵形式有 2—3、2—1—2、2—2—1 等。

② 双中锋落位：布阵形式有 1—3—1、1—2—2、1—4 等。

③ 马蹄形落位或用 2—3 落位，采用机动中锋的打法。

进攻半场人盯人防守时，不论采用何种形式的打法，其整体战术都是由传切、突分、策应、掩护等基础配合所组成。进攻的主要打法如下。

① 以中锋为核心的进攻。

② 以外线为主的进攻。

③ 以集体进攻为主的打法。

④ 以移动进攻为主的打法。

随着当前半场人盯人防守战术运用愈趋频繁，个人防守能力增强，整体防守更加协调，增加了现代篮球运动的激烈对抗程度。同时，也促进了进攻人盯人防守战术的发展，使进攻更讲求连续性和实效性，使进攻人盯人防守战术更加灵活机动，特别是现代篮球比赛中进攻半场人盯人防守战术运用的多样性、复杂性及打法的流畅性，凸显了进攻人盯人防守战术在现代篮球运动中极其重要的地位。

2. 进攻全场紧逼人盯人防守战术

进攻全场紧逼人盯人防守，指进攻队根据防守队在全场范围内进行紧逼人盯人时所采用的进攻方法和行动，是篮球进攻战术系统中的一种全队进攻战术方法。

由于进攻全场紧逼人盯人防守战术是在全场的区域里进行的，因此，与在半场进攻的全队战术相比，无论是从时间、空间或战术难度上，都有相当大的差异。进攻全场人盯人防守时，整个战术过程可分为前、后两个阶段：前阶段是后场进攻，此时接应发球和推进是关键环节；后阶段是进入前场后的攻击，进攻方法与进攻半场人盯人防守相似，重要的是及时根据防守队形和场上情况，相应布阵后连续、不间断地使用进攻人盯人的具体战术配合。

进攻全场人盯人防守的方法很多，从进攻的形式上可分为两类：一是快速进攻法；二是阵地进攻法。

（二）进攻人盯人防守的教学

进攻人盯人防守的教学，主要包括进攻半场人盯人和进攻全场紧逼人盯人两部分的内容。

① 应首先学习掌握半场人盯人防守战术，然后再学习进攻半场人盯人防守战术。开始练习时，要让每名队员了解全队的战术落位阵型、进攻时机、移动路线、主要攻击面和攻击点及变化规律。

② 应先在无防守和消极防守的情况下进行队员的战术分位练习，提高个人技术运用能力和基础配合的质量，然后进行全队战术配合练习，在此基础上加强防守，提高练习难度和对抗强度。

③ 在实战中检验队员对全队战术方法的理解和掌握程度，通过比赛的信息反馈，不断总结分析，以此提高战术水平。

④ 进攻全场紧逼人盯人防守的教学，应放在全场紧逼人盯人防守后进行。首先，要让学生了解进攻全场紧逼人盯人防守战术的特点和要求，了解全队战术配合方法，明确由守转攻时，队员的分工落位、进攻时机、移动路线、主要攻击面和攻击点及变化规律。

⑤ 教学中应采用分解教学法分段教学，先学习前场和中场的配合方法，再学习整体战术配合方法。练习时，重点加强后场和中场的掩护、传切、突分和策应配合的训练，同时加强由守转攻时的反击速度和反击意识的训练。

（三）进攻人盯人防守战术的训练

1. 进攻人盯人防守战术训练要点

① 结合本队的实际，加强配合技术的训练，重视不同形式下的传切、掩护、策应与突分等配合方法的练习，提高队员灵活运用两三人战术基础配合的能力。

② 结合全队战术方法，加强局部配合的练习，把队员的技术特长与全队战术配合结合起来进行训练。

③ 重视攻守转换意识与转换速度的训练，特别是进攻全场紧逼人盯人防守的训练应与顽强的作风紧密结合。

④ 进攻人盯人防守战术的训练，应使队员明确全队战术配合的方法，以战术训练为中心，把身体、技术意识和作风融为一体，训练中严格战术纪律，加强战术变化能力的培养。

⑤ 根据本队情况，组织多种战术方法训练，以提高全队战术运用的应变能力。

2. 进攻人盯人防守战术训练方法

进攻人盯人防守的方法很多，但有其共同的特点，在训练中应根据本队的技

战术特点，掌握多种进攻方法，针对不同的防守阵式合理地运用。

① 全队战术配合的分解练习。进攻人盯人防守的分解练习，应以提高攻守转换能力与抢发球和推进球为重点，加强分散快下、运球突破与传球快速推进等环节的训练。

② 全队战术配合的整体练习。全队整体战术配合练习是全队战术训练的重要环节，训练中应从无人防守过渡到消极防守，再逐步过渡到积极防守中去，掌握配合方法，最后通过各种形式的对抗比赛，提高战术配合的质量，掌握战术运用的变化。

③ 为增加进攻的难度，可在前场或中场增设一名防守队员，担负堵截、夹击、断球任务。在训练过程中，对攻守双方的成功次数以及技术运用和配合上出现的问题进行临场统计，检查训练效果，以便对运动员及时给予鼓励并指出存在的问题。

第四节　攻守区域联防战术

本节主要介绍区域联防的战术基础、特征、运用特点，进攻区域联防的基本要求、阵型，以及攻守区域联防战术的教学组织、训练要点和方法。

一、区域联防

区域联防是在半场范围内队员有策略地分区占位，通过组织专门阵型和配合方法形成的一种防守战术，有其鲜明战术特征和比赛功能，是篮球全队防守战术体系的重要组成部分。当前，区域联防已成为各级球队战术训练的重要内容，也是体育院校篮球专修课战术教学的重点内容之一。

（一）区域联防战术概述

区域联防是把五名队员的防守责任和防区有机地联系起来，防守队员的防守范围较为固定，分工明确，防守力量集中。因此，它能很好地发挥集体防守的优势，弥补个人防守技术的薄弱点，有利于保护和协同防守篮下攻击威胁，限制对方的内线进攻，破坏对方的运球突破进攻，有利于抢防守篮板和迅速发动快攻反击。

区域联防要在半场内划分五个区域，每个队员各守一个区域，并守住处于本

区的任何进攻队员。由于划分区域的方法不同，区域联防有"2—1—2""2—3""3—2""1—3—1""1—2—2"等形式。不同形式的区域联防有其自身的优势和薄弱环节，作用和功能不同，比赛中可根据对方特点和本队具体情况有针对性地加以运用。

区域联防战术的防守重点是内线，最显著特点是守区、防球与保篮下。在防守中，根据球的位置和进攻队员的穿插移动，不断地调整防守位置。在各自的防守区域内，监视和限制进攻队员的活动，加强对有球区域和篮下的防守，严密封锁使带球队员不进入内线，强守篮下，防止对方的投篮。

区域联防主要运用于外围中远距离投篮不准但内线威胁较大的球队；或因对方频繁穿插移动和运球突破，本队球员个人技术较差、犯规较多时；也可以为了使对方不适应，作为战术调整的手段，或为了更有效地加强和组织抢篮板球和发动快攻而采用。

进入20世纪80年代后，随着现代篮球运动的发展，单一的、固定阵势的区域联防已不适应篮球比赛的需要，区域联防战术配合及打法向着协同性、攻击性方向发展，强调积极主动、制造陷阱，造成对方被迫失误，不但增加了轮转换位、围守中锋、夹击防守等配合，还出现了对位防守和把人盯人防守方法融入区域防守的综合性联防战术。在联防中，根据进攻队的落位与球员的移动，有意识、有目的地进行阵型变化，形成"一对一"的对位联防，既增强了防守的针对性，又避免了出现薄弱区域内的被动局面。这也是当今区域联防的发展方向。

对位联防是采用对位盯人与守区相结合，并与进攻队员基本上形成一对一的一种联防战术。在防守时强调根据自己的特点和进攻队的阵势部署形成相对的阵型，防守队员既要守区又要守人，并始终牢记"一人一区，一区一人（指进攻队员）"的原则。本区无进攻队员时，要去控制附近的一名进攻队员，对持球队员和空切队员，均按盯人原则进行防守。当进攻队的阵型改变时，防守队也可以改为相应的阵型。对位联防的发展使区域联防更具针对性、攻击性和综合性，极大地丰富了区域联防的战术内容。

（二）区域联防战术的教学

区域联防战术是根据分区防守的站位队形而形成的，可分为：2—1—2区域联防、2—3区域联防、3—2区域联防和1—3—1区域联防。不同的战术阵型，其防守的作用有所不同，各有优势和薄弱环节。因此，应全面学习和掌握各种不同阵型的防守方法，有针对性地运用，才能更好地发挥区域联防的作用。

① 区域联防教学应安排在人盯人防守及进攻人盯人防守之后，并与防守反击、快攻紧密结合。应以"2—1—2"区域联防为教学的重点内容，在此基础上学习其他的防守阵型。

② 教学中，首先让队员掌握区域联防的基本原理，明确各种防守阵型、战术特点及运用方法，然后进行分区和局部的分解练习，待局部配合熟练后，再过渡到完整练习。

③ 练习时，先要求队员做随球移动选位练习，限制进攻队员的行动，可规定进攻队只能传球，不得突破和投篮。

④ 在队员基本掌握了球在不同区域时的选位后，再在球动、人动的情况下练习如何防守无球队员的背插、溜底线与围守中锋的配合方法。

⑤ 在正常攻防状态下，练习集体防守配合。最后，通过教学比赛巩固和提高战术质量。

⑥ 在教学训练中，要把抢防守篮板球和快攻反击纳入区域联防的战术训练中，提高队员完整的战术意识与攻守转换能力。

(三) 区域联防战术的训练

1. 区域联防战术训练要点

① 在训练中，要根据区域联防的阵型、队员的身高和技术特长，合理地分配队员的防守区域。把快速灵活、善于抢断球、反击快的队员分配在外线防守区域，把身材高大、补防意识强、善于抢篮板球的队员分配在内线防守区域。一般情况下，保持小个子队员在外线防守，大个子队员在内线防守。如果换人后会出现以小防大的情况，尽量在外线，避免内线造成以小防大，否则就采用护送或轮转不换人的方法。

② 在分工负责防守区域的基础上，强调五名队员必须协同一致，积极随球移动，集中加强对有球一侧队员的防守，兼顾远球侧，以防球为主，人球兼顾。根据情况，队员可以越区、越位防守。

③ 防守持球队员时要按照人盯人防守的要求，积极地防守对手的投篮、传球和运球，严防对方从底线运球突破。

④ 防守临近球的进攻队员时，要抢占有利的防守位置，减少对手在有威胁的区域内接球。同时，还要协助同伴进行关门、夹击、补位等防守配合。对离球

远的进攻队员要防止其背插、底线空切，还要协助防守篮下有直接威胁的进攻队员。

⑤ 当进攻队员采用频繁穿插移动改变进攻阵型时，防守队员不仅要堵截其移动路线，还要针对进攻阵型，改变防守阵型。

⑥ 在训练过程中，要求队员精神振奋、互相呼应、制造声势。训练中要始终做到两腿弯曲、扬手探臂、积极协防，力争扩大防守控制面积，并要求队员积极拼抢球，一旦获球，立即快速反击。

⑦ 整体训练强化以球为主的意识，每名队员都要及时调整防守位置，随球的转移形成五人板块联动，保持联防的整体状态，对持球进攻者形成纵深防守，对无球队员形成控制性防守，体现联防的联动性和整体性。

2. 区域联防战术训练方法

区域联防的训练应根据所选择的防守阵型，首先进行分解训练。在队员基本掌握各局部区域配合方法的基础上，再进行完整的全队战术配合练习。在对抗中不断地改进与增强队员之间的默契与配合，在比赛形式下提高全队防守战术的应变能力。

① 区域联防的分解练习。其重点是使队员掌握各个局部区域的防守方法，加强邻近区域队员之间的协调配合，为学习与掌握全队区域联防战术打好基础。

② 全队整体战术配合的练习。通过全队整体战术配合的练习，使队员掌握各种阵型的联防战术方法，改进配合质量，并能在比赛中运用。

二、进攻区域联防

进攻区域联防是篮球比赛进攻战术体系的组成部分，是在个人与两三人配合的进攻策略基础上发展起来的更为高级与强悍的全队进攻战术手段，其中蕴含着丰富的理论与实践内容，已受到各级球队的重视，并得到广泛的运用。

（一）进攻区域联防战术概述

进攻区域联防战术常用的落位阵型有"1—2—2"阵型、"1—3—1"阵型、"2—1—2"阵型和"2—3"阵型等，不同的进攻阵型是针对不同的防守阵型和本队队员的技术、位置特点而选择的。

进攻区域联防首先应贯彻快速进攻的指导思想，提高由守转攻的速度，力争趁对方未形成防守阵型时抓住战机发动快攻。快攻未成，进入阵地进攻时应针对区域联防的阵型，而采用相应的进攻阵型。要清楚地认识到任何形式的区域联防都有其防守的薄弱区域，要善于利用这些薄弱区域发动攻击。确定进攻阵型的原则是根据进攻的点、面和本队队员的技术特点，合理部署队员占据对手区域联防的薄弱区域，避免与防守队员形成一对一的站位，在局部区域形成以多打少的优势，并始终保持攻守平衡。

进攻区域联防战术的成功运用，首先是建立在熟悉并掌握各种区域联防的特点和规律的基础上，抓住区域联防的薄弱环节，明确攻击的原则和重点，有组织地进行针对性的进攻。这一战术往往是通过"球动、人动"来调动防守，打乱对方防守阵型，使其防守顾此失彼，出现漏洞，创造以多打少和连续进攻的机会。因此，要多利用策应、溜底线、背插、掩护、突分等配合破坏防守的整体布局，创造良好的投篮机会。同时，加强内外结合，提高中远距离投篮命中率，扩大进攻区域，增加攻击点，迫使对方拉大防区，并趁机组织中区策应配合，破坏联防的整体性，创造进攻机会。篮板球争夺是进攻和防守的焦点，应该放到进攻区域联防战术的重要位置上，队员要积极拼抢前场篮板球，争取补篮及二次进攻。

（二）进攻区域联防战术的教学

进攻区域联防的方法很多，应根据教学任务和形式的实际情况，针对不同的防守阵势选择好进攻阵型，在此基础上组织进攻区域联防的战术教学。

① 进攻区域联防战术的教学内容应以"1—3—1"阵型落位进攻"2—1—2"区域联防为重点，在此基础上学习其他配合方法。

② 教学时，应通过多种途径讲清楚全队进攻区域联防的战术阵型和配合方法，使学生建立完整的战术概念。

③ 从分区、分位练习着手，让队员明确各个位置上的进攻配合方法，然后进行全队的完整配合练习。首先在无防守或消极防守条件下练习，然后在积极防守对抗条件下练习，最后在教学比赛中巩固、提高。

④ 练习时，应根据本队的具体情况，确定进攻战术方法和队员的位置分工。

⑤ 在进行全队完整战术训练时，先练习运用传接球调动防守，创造以多打少的机会，再练习溜底、穿插移动，最后练习"球动"与"人动"的配合。

⑥ 在掌握进攻区域联防的战术方法后，应把快攻与阵地进攻结合起来进行

练习，强调当快攻受阻时阵地进攻落位要迅速，有步骤地组织进攻联防。

⑦ 为了让队员能够很好地明白进攻联防的区域位置，辨明联防防守的薄弱区域，可以先对区域联防进行教学，然后再过渡到进攻区域联防教学。

（三）进攻区域联防战术的训练

1. 进攻区域联防训练要点

① 首先要重视进攻区域联防的落位布阵，合理选择进攻阵型是进攻区域联防的基础。在训练中，应使队员明确落位的正确方法与合理性，掌握不同区域联防形式的薄弱环节。

② 抓好由守转攻的反击意识与快攻的组织及配合训练。

③ 有针对性地强化中远距离投篮，抓好背插、溜底、突分、策应等进攻配合的质量。

④ 在训练中，抓好传球转移，强调抢位接球，有目的地做好球的转移与人的有序移动，做到"快、灵、准"的高度结合。

⑤ 要把抢篮板球纳入战术训练的安排中，重视拼抢篮板球并由攻转守的训练。

⑥ 要把分解练习与全队战术的完整训练有机地结合起来，有目的地组织对抗性的练习，不断改进进攻方法，提高各个环节的配合质量与个人攻击能力。

2. 进攻区域联防训练方法

进攻区域联防的阵型虽然很多，但都有其共同的特点。在训练中应根据本队的技战术特点，掌握多种进攻方法，针对不同的联防阵型合理地运用。具体的练习包括以下内容。

① 全队整体进攻战术："2—2—1"阵型落位，进攻"3—2"区域联防；"1—3—1"阵型落位，进攻"2—1—2"区域联防。

② 进攻"3—2"区域联防战术配合的分解练习。

③ 进攻"2—1—2"区域联防战术配合的分解练习。

④ 全队战术配合的攻守对抗练习。全队战术配合的攻守对抗练习是改进和提高全队配合的重要环节。练习中，发现问题应及时纠正，逐步提高对抗强度，逐渐过渡到比赛实战。

在以上练习基础上可组织教学比赛，在实战中发现问题、及时解决，提高进攻区域联防战术的配合质量和运用能力。在队员攻守对抗过程中，明确战术配合要求，熟悉配合方法和行动路线。

第五节　攻守全场区域紧逼战术

攻守全场区域紧逼战术是篮球攻防战术的重要组成部分，也是体育院校篮球专修课全队战术教学训练的内容之一。

一、全场区域紧逼防守战术

全场区域紧逼防守战术是一项攻击性很强的防守战术，兼有区域联防和人盯人防守两种防守战术的优点。全场区域紧逼防守战术的运用，集中体现了现代篮球防守战术的主动性、攻击性和整体性，是篮球比赛中防守获球及反击得分最迅速、最有效的战术方法和手段之一，也是区域紧逼防守战术体系中的主要防守战术方法。

（一）全场区域紧逼防守战术概述

全场区域紧逼防守是指由攻转守时，防守队员在全场范围内，按照不同的分工各自负责防守进入该防区的进攻队员，并以一定的阵型把各个区域有机地联系起来，运用追、堵、夹击的手段，主动出击，争取获得以多防少的优势。这是一种全队防守战术方法，是区域紧逼防守战术体系中的主要内容。

全场区域紧逼防守战术的运用，常常是在对方未防备的情况下，作为战术变化所采用。它突然性很强，往往使对方措手不及，给对方造成不适，并使对方在防守的阻截和夹击中产生失误或违例而陷于被动。全场区域紧逼防守，是充分利用场地空间和对手展开对抗，具有较强的威慑性和攻击性。它的合理运用，能有效地破坏对方的习惯打法，打乱对手的进攻部署，有利于发挥本队队员的积极性和防守的主动性，对鼓舞本队士气、加快攻防节奏、创造更多的抢断球机会、掌握场上的主动权都具有积极的作用。

全场区域紧逼防守要求队员的个人防守能力要强，协防意识要好，速度快、反应灵敏，还要求队员具有坚强的意志、充沛的体力。同时对球队的整体行动意识要求也很高，要求其能在很短的时间内展开紧逼、追防、夹击和抢断等攻击行为。因此，全场区域紧逼战术在一般球队运用较少，一般多在比赛时间将至、比分落后且有望反超时使用。

全场区域紧逼防守把球场划分为前、中、后三个区域，分别在不同区域进行有目的、有策略、主动的攻击性防守。由于由攻转守时，防守队员在各区落位的人数不同，防守的阵型也有所不同。全场区域紧逼防守的主要阵型有"1—2—1—1""2—2—1""2—1—2"等。运用中以"1—2—1—1"防守阵型为主，此阵型防守队员只要向前、向后、向左或向右移动位置，就可根据比赛需要变化防守阵型。

全场区域紧逼防守战术主要的防守力量相对固定地集中在它的前场，在前区积极紧逼和围堵，在中区制造夹击陷阱，在各个夹击区进行夹击，绝对不允许对方运球突破，力争夹击成功后组织断球反击或造成对方的失误。

全场区域紧逼防守主要争夺的地区是前区和中区，对不同区域防守队员的防守能力具有不同的要求，特别强调要合理地部署本队的防守力量。

全场区域紧逼防守的重点是以防球为主，守区盯人。即根据球的位置和进攻队员的分布情况，既在区域中紧逼盯人又在紧逼盯人中严守防区；以守区盯人为基础，主动向球进攻，不轻易让球超越自己的防区；强调"向球移动、控制中场、逼走边角、积极追堵、对球夹击"。防守中，要主动出击，以多防少争夺球，以少防多盯住人，有组织地破坏对方的进攻和配合。

全场区域紧逼防守的难点在于落位部署需要一定的时间，因此，对于攻守转换意识强的队的进攻不易及时予以破坏，同时也不利于控制对方并组织抢篮板球发动反击。

（二）全场区域紧逼防守战术的教学

区域紧逼防守战术的攻击力之所以很强，是因为这种防守战术兼用了区域联防和人盯人紧逼两种防守战术的优点，并具有综合性、机动性和攻击性的特点，充分体现了现代篮球运动所提倡的积极、主动、攻击的防守理念。

教学建议：

① 全场区域紧逼防守的教学，首先应强调由攻转守时，防守队员要根据确定的防守队型，按各自分工的防区快速落位，就区盯人。

② 全场区域紧逼防守的教学应以"1—2—1—1"防守阵型为教学的主要内容，通过讲解、演示防守的落位及球在前、中、后场时的职责要求，建立完整的战术配合概念。

③ 当学生明确整体防守战术安排后，可按在前场、中场、后场的配合方法，

进行分解练习，然后再进行各区域之间的衔接练习，最后进行全场或半场的完整练习。

④ 在对抗练习时，进攻速度可由慢到快，进攻方法可由固定到多变，逐步提高防守质量。

（三）全场区域紧逼防守战术的训练

1. 全场区域紧逼防守战术训练要点

① 全场区域紧逼防守是以不同的分工在全场范围所展开的集体防守，全队的整体行动尤为重要。因此，在训练中首先应加强防守的积极性训练，强调统一行动，转换速度要快。

② 训练中，强调队员的防守气势与作风，要用强大的气势压倒对方，造成对方因慌乱而陷于被动。在训练中特别注意培养队员勇敢、顽强、敢打敢拼的意志品质和思想作风。

③ 对持球队员的防守是训练的重点，必须贯彻"控制中区，逼走边角"的防守原则，不断组织堵截、夹击，近球区以多防少，远球区以少防多，积极移动，不断调整位置，通过协防展开攻击。

④ 在队员掌握了固定区域内、固定队员的落位后，可逐渐过渡到固定区域不固定队员的落位训练，提高由攻转守的灵活性和机动性，以便加快攻守转换速度。

⑤ 训练中要结合区域紧逼的特点和要求，提高队员的身体素质，特别是速度和速度耐力，同时要提高个人防守能力，加强抢球、打球、断球技术和以少防多、轮转补位能力的训练。

2. 全场区域紧逼防守战术的训练方法

（1）全队战术配合的分解练习。全队战术配合的分解练习是战术学习与训练的重要环节，它有助于队员熟悉、掌握战术各个环节在不同位置的配合方法与要求。

（2）全队整体防守配合的练习。全队整体防守配合练习是全队战术训练的重要环节，在训练中首先应强化攻守转换速度，从落位布阵到限制进攻再逐步过渡到正常攻防中去。要掌握整体配合方法，通过各种形式的对抗训练，提高战术配合的质量。

二、进攻全场区域紧逼防守战术

(一) 进攻全场区域紧逼防守战术概述

进攻全场区域紧逼防守战术是针对全场区域紧逼防守的薄弱区域，采取插空站位，抓住防守的薄弱环节，运用运球突破、中区策应和快速传球推进等手段而组织的一种全队进攻战术配合方法。

进攻全场区域紧逼防守首先要沉着冷静，不要因对方的紧逼而造成慌乱和失误。由守转攻时争取在对方队员未到区落位并展开堵截之前迅速发动反击快攻。由于全场区域紧逼是按一定的队形划区落位盯人，防守力量的配备总有薄弱的区域，很难防守集中在一条直线上的进攻阵型。因此，有针对性地组织快攻和抓住防守弱点展开进攻，要以最有效的方法将球推进到前场。进攻时，强调要针对区域紧逼防守的规律，按"以快制逼，中路突破"的原则，可采取相应的回传跟进、转移攻向、运球反跑、中区策应、组织空切等方法组织进攻。进攻中做到多传短球、快球，少做长传球和高吊球，少运球，特别是少向边角运球，更忌在边角停球，防止对方的堵截夹击。常用的主要进攻方法如下。

① 回传跟进：对方球队在区域紧逼时为了不轻易让球越过自己的防区，经常对持球队员组织夹击，造成进攻方向前的传球常被防守队员抢断。因此，进攻时应在对方夹击尚未形成之前将球传出。这就要保持一个队员处于球的后面，随时准备接应被夹击队员的回传球。"回传跟进"是在进攻区域紧逼中设置的"安全后卫"，是破坏夹击的有效方法。

② 转移攻向：当采用"回传跟进"破解了对方的夹击之后，进攻队应迅速组织向当时防守队形较薄弱地区的进攻，有目的地转移进攻方向，以突破对方的防线。

③ 远球反跑：为了迅速配合、安全地转移进攻方向，迫使区域紧逼防守队员做较大的移动，处于远球位置的队员应反跑，回来接应转移进攻方向的传球。

④ 中区策应：在进攻区域紧逼时，"中区策应"起着前后衔接、左右呼应的作用。它不仅要接应转移后的传球，更重要的是联结前后场的进攻，使球迅速推进。同时因为位于中区，增多了传球出手的方向和路线。担任"中区策应"角色的，应当是速度快、技术全面、战术意识强的队员。

⑤ 组织空切："中区策应"后，防守无球队员者处于"球在背后"的境地，进攻队员应抓紧有利时机，组织空切，突破防守，在篮下形成以多打少的局面。

进攻全场区域紧逼防守战术应结合临场变化情况灵活运用。例如："转移攻向"不一定是转向最近的队员，根据临场情况，也可直接传给篮下的队员或跑上来策应的队员。进攻方向的转移也可能由于防守的阻挠不止一次地转移。总之，要明确基本要求，掌握配合方法，提高战术意识，结合比赛实际情况灵活运用，才能取得较好效果。

（二）进攻全场区域紧逼防守战术的教学

进攻全场区域紧逼防守应根据区域紧逼的特点和本队的实际情况，有针对性地组织战术配合方法。

1. 教学建议

① 进攻全场区域紧逼防守的教学与训练，首先应使学生明确区域紧逼防守战术的要求和优缺点，了解各种不同阵型的变化，有针对性地选择进攻区域紧逼防守的战术配合方法，合理地安排每名队员的战术位置，充分发挥特长，组织有效的全队进攻战术。

② 在教学时，使每名队员明确配合方法和自己的职责与任务。可先在无防守的情况下，按全队的进攻战术路线，从掷界外球开始，熟悉战术配合路线，逐步掌握每个位置的战术方法。然后结合防守，进行球在前、中、后场不同位置时的分解进攻练习和衔接，逐步过渡到全队战术的完整练习。最后在积极防守条件下及教学比赛中，改进和提高战术意识，熟练掌握全队战术配合方法。

③ 在教学与训练中，要强调趁对方尚未按阵型落好位之前立即发动快攻，并利用对方将要形成有组织的夹击之前，迅速转移进攻方向，抓住其阵型变化的空当，快速使球穿越对方的防线。

④ 应在学会全场区域紧逼防守战术的基础上，再安排进攻全场区域紧逼防守的教学与训练，把防守与进攻结合起来。可由复习"1—2—1—1"全场区域紧逼防守开始，按前、中、后场的顺序，结合球在不同位置时防守队形的变化，边示范边讲解如何应用进攻全场区域紧逼防守的战术要求。把前、中、后场的进攻配合连接起来，形成全队的进攻战术。

⑤ 通过战术分析、教学训练和比赛的实践，加强心理训练，克服队员在全

场区域紧逼时容易出现的恐惧心理，强调在进攻中保持冷静的头脑。

2. 教学组织

进攻全场区域紧逼防守战术的方法较多，教师应根据教学任务和学生的实际情况，有针对性地设计与选择具体的进攻方法，可以进攻全场"1—2—1—1"区域紧逼为主要教学内容。在此基础上，学习其他进攻方法。

（三）进攻全场区域紧逼防守战术的训练

1. 进攻全场区域紧逼防守战术训练要点

① 全场区域紧逼是整体性很强的防守战术方法，强调防守的气势与精神。在进攻全场区域紧逼防守的训练中，首先应重视队员的心理训练，强调沉着冷静、统一思想、统一行动。

② 要强化由守转攻的转换意识与转换速度的训练，要使队员充分认识全场区域紧逼的防守规律，明确进攻全场区域紧逼防守的基本方法与特点。

③ 在训练内容与练习方法的选择上，有意识地结合快攻与抢攻的训练，加强快速反击和前后场的衔接训练，明确接应点和战术的机动变化，有重点地组织进攻全场区域紧逼防守战术的训练。

④ 针对全场区域紧逼防守的特点，应把后场球如何快速安全推进到前场作为训练的一个重点。针对区域紧逼"逼球走向、死球夹击"的防守策略，应把"中路突破、中区策应"作为训练的重点内容，强调球的快速转移与向前推进。

⑤ 在训练中要求队员沉着、冷静，克服紧张急躁情绪。不断提高队员个人控制球的能力，强调快跑、快传，多短传，少运球，空切跟进，中路策应，边角不要停球，全队注意呼应。

⑥ 在训练中，要重视队员的观察与协作能力的培养，把既定方法与机动进攻结合起来。强调进攻原则与基本要求，充分调动队员的主观能动性，培养良好的战术素养与配合意识。

2. 进攻全场区域紧逼防守战术训练方法

（1）全队战术配合的分解练习

具体的练习包括以下内容。

① 后场二夹一摆脱接球练习。

② 提高后场控球能力的练习。

③ 全场快速插中策应、空切配合的练习。

④ 全场回传跟进两人传切练习。

⑤ 后场掩护接发球的练习。

⑥ 五人由守转攻的跑位配合练习。

⑦ 后场与前场衔接练习

⑧ 全场反跑、传切与策应配合练习。

（2）全队整体战术配合的练习

全队战术配合的整体练习是掌握全队战术方法的重要环节，训练中首先应强化攻守转换速度，从"落位布阵—无人防守—消极防守"，再逐步过渡到正常攻防中去，逐步掌握整体配合方法。通过各种形式的对抗训练与比赛实战，提高战术配合的质量。

第五章

篮球科学研究

第一节　篮球科学研究的内容和特点

一、篮球科学研究的基本内容

随着现代科学技术的发展，篮球科学研究也不断地吸收其他科学领域的知识和方法，使其研究范围越来越宽，探讨的问题越来越深入，研究的内容也越来越广泛。根据篮球运动的规律和特点，篮球科学研究要从长期研究着眼、短期问题着手，实现二者兼顾。

（一）篮球科学研究内容的分类

篮球科学研究的内容概括起来可分为以下三种。

① 基础理论类研究。以认识和探索篮球运动的自然规律和有关原理、原则为主要目的，属于理论性的研究。

② 应用类研究。依据篮球运动的基本规律和有关原理、原则，研究篮球运动在教学、训练和竞赛中的关键问题，并从理论的高度，提出解决办法。

③ 开发类研究。将研究成果应用到篮球运动的教学训练和竞赛组织等方面，并将研究应用再扩大到各个运动项目的教学训练和竞赛组织中去。

(二) 篮球科学研究的主要内容

当前篮球科学研究的主要内容包括以下几个方面。

1. 篮球运动发展史

① 篮球运动的演变历程。

② 篮球技术、战术的演变与发展历程。

③ 对篮球自身理论的成熟与完善方面的研究。

2. 篮球技战术的运用

① 对篮球技战术的发展、运用与创新的研究。

② 篮球技战术的发展、运用与创新。

3. 篮球运动理论

① 对我国篮球运动发展战略与规划的研究。

② 对篮球运动教学理论的研究。

③ 对篮球训练理论的研究。

④ 对篮球运动员选材、育才、成才规律的研究。

⑤ 对篮球科学研究理论与方法的研究。

4. 篮球规则的理论

① 对篮球规则、裁判法的研究。

② 对不同等级裁判员培养、选拔和使用的研究。

5. 相关学科理论在篮球中的运用

① 心理学在篮球学科中的运用研究。

② 社会学在篮球学科中的运用研究。

③ 自然学科（生理、生化、生力等学科）在篮球学科中的运用研究。

④ 管理学在篮球球队管理中的运用研究。

6. 篮球发展理论的研究

① 对篮球职业化、产业化发展的研究。

② 对篮球市场开发、营销的研究。

二、篮球科学研究的特点

篮球科学研究与其他体育项目科学研究具有许多共同的规律。但由于篮球运动本身的特殊性，篮球的科学研究活动具有自身的特点。综观我国篮球科研的发展状况，其特点主要表现在以下几个方面。

（一）研究对象和领域的广泛性

（1）研究的对象

涉及儿童至老年的各个年龄段不同篮球水平的参与者；不同性别的参与者；不同类别的学生、教师；不同级别的运动员、教练员、裁判员；不同职能的管理人员、经营人员；以及学校篮球、竞技篮球、群众篮球、职业篮球、篮球市场等多种研究对象。

（2）研究的层面

既有指导性的理论体系、领导体制和发展战略等的宏观研究，又有操作性的生化反应、力学分析和技术运用等应用研究；既有对国家队等高层次篮球队的研究，又有对少儿篮球以及篮球后备力量的研究。

（3）研究的范围

篮球科研包括了篮球运动理论体系与史学研究；篮球技术、战术、身体、心理训练的理论和实践研究；篮球竞赛的指挥、分析和调控研究；篮球教学训练的生理、生化和运动生物力学的应用研究；篮球运动员营养、医疗和疲劳恢复的研究；篮球裁判员的培养及篮球规则与技战术关系的研究；篮球运动的管理、体制、赛制和发展策略研究；篮球运动科学研究状况的研究等方面。

（二）研究内容的实效性

篮球科学研究为篮球运动发展服务的功能，决定了篮球科学研究的内容和问题必须来自篮球运动实践。篮球运动丰富的技术动作、战术设置、独特的运动形式以及与相关学科知识的交融，为篮球科学研究提供了大量的研究素材。同时，篮球科学研究的结果只有经过篮球实践的检验，才能成为科学研究成果。科研内容来自篮球实践，又服务于篮球实践，这是推动篮球科学研究不断发展的原动力。就已有的成果来看，篮球科学研究内容的实践性、实效性特点突出，都紧紧围绕篮球教学、训练和比赛实践等问题进行研究。

（三）研究过程的动态性和研究成果的创新性

动态性规律是篮球运动的基本规律之一，篮球科学研究也秉承了篮球运动的

动态特点。篮球科学研究一般时间长、跨度大。从提出科学假想、搜集资料、进行预实验、科研实验，到结果分析、科学论证、得出结果，其过程就是一个动态发展的过程。随着相关学科知识和科学技术的发展，越来越多的新理论、新方法、新手段、新科技成果运用于篮球科学研究中，使其不断创新发展。因此，研究中一成不变的方法、思想和没有新意的命题，都无法保证研究的科学性和创新性，并会影响到研究结果的实效性。

（四）研究理论和方法的综合性

随着现代篮球向科学化、社会化及职业化道路迈进，职业篮球带来的商业化、产业化气息促进了当今篮球运动在观念和理论上的更新以及技术与战术的创新，形成了篮球运动的新特征。特别是现代科学技术的发展和科学知识的创新，为篮球科学研究提供了丰富的理论依据和研究方法，开拓了篮球科学研究的思路。

因此，为了全面地探索篮球运动的未知因素，揭示篮球运动的规律，篮球科学研究必将涉及自然科学、人文社会学、哲学等方面的综合研究。它所涉及的相关学科主要有生理学、心理学、生物力学、生物化学、解剖学、运动医学、运动训练学、人体测量、体育社会学、体育比较学、经济学教育学、体育统计学、人类学，以及控制论、系统论、信息论等多种学科理论。

此外，现代科学技术的成果也被篮球科学研究大量采用，如幻灯投影技术、摄影摄像技术、各种精密仪器的使用、电脑软件的开发以及各种针对性研制器材的应用等。

借助这些相关学科知识的交叉作用和现代科学技术的新成果，综合运用各种研究方法，当今篮球科学研究可以从多维角度探讨篮球运动的诸多问题，从而拓宽篮球科研领域，加大研究深度，增强研究的科学性、实效性和针对性。

三、我国篮球科学研究的现状

（一）运用多学科知识和现代化手段展开综合交叉研究

现代科学发展的总趋势是各学科之间相互交叉、相互渗透，既高度分化又紧密交融。随着当前社会科学、自然科学的快速发展，这一交叉与融合的发展趋势，对篮球科学研究产生很大影响。现代科学方法论和一系列新兴学科在篮

球运动中的应用，也大大加快了篮球科学研究的多学科交叉进程。篮球运动的多学科综合研究，使科学研究与篮球实践密切结合，研究成果为篮球实践服务。教学、训练、竞赛与科学成果相结合，已成为发展的必然趋势。

（二）转型期的职业篮球体系研究

1995 年 10 月，中国篮球协会以全国男篮甲级联赛为突破口，以职业化、产业化为方向，颁布了《中国篮协运动员转队转会条例》和《俱乐部暂行管理条例》，揭开了我国篮球职业化改革的序幕。作为我国篮球活动中的全新组织形式，有关职业篮球的法规条例，管理体制，经营机制，经营方式，训练制度，竞赛制度，教练员、裁判员、运动员、经纪人的培养与管理等方面的研究也随着改革进程的推进逐渐展开。

（三）学校篮球运动是研究的重点

学校篮球是我国篮球运动的重要组成部分，也是我国体育教育工作的重点内容。研究学校篮球发展的条件、环境、现状和对策等，对我国篮球整体水平的提高和可持续发展以及学校体育教学改革的深化具有重要的现实意义。

（四）重视篮球基本理论体系的建设，进行可持续发展

现代篮球运动实践要求有先进的篮球运动理论对不同领域、不同层次、不同方面进行科学指导。基于理论对实践的重要指导和借鉴作用，探讨篮球运动众多方面的原理与规律，摸索篮球运动可持续发展的对策与环境因素，完善与丰富我国的篮球理论体系，一直是广大篮球科研者坚持不懈的工作重心。这为我国篮球运动理论体系的形成和完善，为篮球运动的进一步现代化、科学化，做出了积极的贡献。

（五）开发篮球教学、训练和比赛的现代化设备研究

电子技术和电子计算机的广泛应用，在篮球领域充分显示了现代科技的重要性。这些技术和成果的运用，促使篮球运动的教学、训练和竞赛朝着自动化、电脑化、遥控化、轻便化、模拟化的方向发展，促进篮球科研从定性描述到定量研究的科学发展。

第二节 篮球科学研究的方法和程序

一、篮球科学研究方法

随着现代科学技术对体育科学技术的渗透，随着体育运动的不断发展和人们对体育认识的日益深化，促使体育科学研究向深度和广度方面迅速发展，并逐渐形成了适合体育科学自身要求的研究方法。目前，观察法、调查法、实验法、逻辑方法、数学方法和"系统科学"方法等均已在体育科学领域得到广泛的应用，也在篮球科学研究中成为探索篮球运动发展规律的有力工具。

（一）观察法

观察法是在自然条件下，通过人的器官或科学仪器，根据一定的目的，有计划地对研究对象进行系统考察，从而获得科学事实和资料，并运用有关方法加以整理，从现象到本质，从感性上升到理性，最后获得规律性认识的一种研究方法。篮球科学研究中通常采用的临场技术统计，就是通过一些测量工具（目前常用的有计算机）对比赛进行定量描述的方法。摄像法是利用照相机、摄像机、电影摄影来记录所观察到的事物和现象，而后进行深入观察分析的一种研究方法。

1. 观察的分类

观察的种类很多，但就其目的和任务而言，可分为质的观察和量的观察两种。质的观察是通过观察来确定客观事物在发展过程中的性质，如比赛中采用何种战术、战术的变化、战术的实效等。量的观察是观察客观事物在发展过程中数量的变化。在篮球科学研究中，通常用于对比赛及训练中运动员运用技术等方面的情况进行统计观察。

2. 运用观察法的基本要求

（1）观察应具针对性

观察应有明确的观察目的，使观察具有针对性。观察的针对性来源于理论思维的指导作用。为提高观察的实效，要充分发挥理论思维对观察的能动作用。

（2）观察应具客观性

为保证观察过程客观和准确，应坚持实事求是的科学态度。观察时，不择己所好，忌主观片面。

（3）观察应具系统性

由于事物总是发展变化的，因此要客观地认识事物的发展全过程，就必须进行系统观察。

（4）观察应具准确性

为防止在观察过程中由于主客观原因而带来误差，要求观察者在观察前做好仪器的校检，选择好观察的位置，印制好观察记录表。正式观察前先进行实习，以便修改、完善和熟悉观察指标，保证观察的准确性。

3. 观察法在篮球科研中的运用

篮球科学研究中经常采用的技术统计是一种抽样观察方法。它是通过对训练和比赛的现场观察，记录下观察内容的具体数据和情况，然后进行分析、研究的一种方法。

技术统计内容的选择与表格的设计对于研究工作能否顺利进行有很大关系，而统计材料的组织运用则关系到研究的质量。

（1）设计统计表格

确定统计指标是设计统计表格的关键。首先，应根据课题的任务和需要的数据确定统计内容。其次，应根据所研究事物的结构环节和有关因素来选择统计内容。

表格的设计应既便于临场观察记录，又便于统计计算。统计记录表有两种形式：一种是场地图形式，即用全场或半场的场地图记录观察的事实；另一种为表格记录形式，即用根据研究目的设计的表格记录观察的事实。

（2）统计材料的整理与分析

临场统计的原始材料，只有经过整理之后才能用以分析、对比。首先要对统计的数据进行核对，而后进行归类登记，填入登记表，以便分析时使用。各项统计数据都必须进行计算，并进行统计学处理。

在统计材料整理之后，根据课题的任务需要进行归纳和分析。属于教学训练的观察，要根据统计数据对教学训练活动进行分析，作出评价，并从总结中发现问题，提出改进意见；属于比赛的观察统计，则应根据统计数据对比赛胜负的原因、技术和战术运用的情况进行分析，进而总结出影响球队比赛成绩的因素，提出改进措施。

（二）调查法

调查法是研究者通过直接观察或间接了解研究对象的各种方式去搜集反映研

究对象的材料，是当前篮球科学研究常用的一种方法。根据调查对象的数量与范围的大小，可分为普通调查、典型调查、抽样调查等类型。根据调查的性质和内容，又可分为现状调查、前瞻调查、回顾调查等。调查方式有访问调查法、问卷调查法、特尔菲法等。

1. 访问调查法

访问调查法也称研究性谈话调查法，是通过有目的的谈话，寻求研究资料的方法。访问调查法的步骤如下。

① 取样。根据被访问者的总体特征和研究目的，决定抽样方法和访问的样本。

② 制定访问时的提问提纲。

③ 进行访问。访问者要先表明身份、单位和访问目的等。

④ 记录答案，及时整理。

2. 问卷调查法

问卷调查是一种书面形式的调查，是以卷面形式提出若干问题来询问被调查对象，然后对所得材料进行分析的研究方法。问卷调查法的步骤如下。

（1）问卷的设计

调查问卷的内容应包括三部分，即问卷的标题、问卷的说明部分和调查问题项目部分。调查问题部分，结构形式大体上有问题罗列式（陈述式）和表格式两种，也可将这两种形式结合运用。

① 问卷的标题与说明部分。问卷的标题要反映调查内容，名称要确切、一目了然。问卷的开头应有一段简单的文字说明，简要讲明调查的目的、意义，请求对方帮助与支持，而后解释某些调查问题的概念和含义，说明回答问题的形式、要求与意见和建议填写在何处、是否署名填答，请求填完问卷的时间期限。措辞应谦虚并表示感谢。

② 确定调查内容。问卷中所调查的问题，应紧紧围绕课题的研究任务及材料来确定，而后对问题进行合乎逻辑的分解，使之成为明确的、互相独立的具体小问题。问题应简明，在排列上应注意将同类性质问题排在一起，可用一个小标题领题，并按问题的复杂程度由浅入深、先易后难排列，将简单的问题、容易的问题和对后面问题有启发意义的问题排在前面，而开放的问题和敏感的问题排在后面。问题排列顺序要有逻辑性。

③ 确定回答问题的方式。根据调查问卷问题提问的形式不同，回答方式也不同。对开放型（自由式）问题可根据被调查者的认知自由回答。这类问题多用于面访调查提纲，被调查者具有较高的文化素养与学识水平。对封闭式问卷，调查者只能在规定好的几个答案中选择一个，或把答案分为几个层次让被调查者按其重要程度排出顺序。

（2）问卷的信度和效度检验

问卷的信度即问卷的可靠性，效度是问卷的有效性，问卷的信度是效度的前提。调查结果的信度与效度对结论推导的真实性有至关重要的作用，因此，保证问卷的信度与效度是研究者必须掌握的技巧。为此必须注意以下几方面。

① 设计问卷内容时，首先要阅读有关文献资料与专业书籍，并经专家评定；其次为避免设计的内容有所遗漏，应采取开放式与封闭式相结合的回答方式；最后，正式调查前，可先进行小样本或小范围的预调查，以验证其可行性与有效性。

② 进行信度与效度检验。信度一般指所测得的数据的可靠程度，即调查材料反映调查对象实际情况的可靠、真实程度。

· 信度检验。通常以相关系数表示，常用的计算方法有两种。第一种是"测量再测量"方法，用测量与再测量的相关系数评估可靠性。第二种是折半法，即采用"分半信度法"求问卷的"内部一致性系数"，此方法一般用于态度量表的信度检验。

· 效度检验。常见的问卷效度有内容效度与结构效度两种。内容效度指问卷的内容是否反映了研究课题所需要的全部材料。检验方法有两种：一种是表面效度检验，或称逻辑分析检验，它是请有关专家全面审核评价问卷的内容性能，从问卷内容上和逻辑关系上看问卷是否符合调查的目的、任务与研究的需要。另一种是评定量表方法，即分别对问卷内容的各大问题及其范围加以定量评定，然后算出每个评分者的效度分数，最后求出全部专家总的平均效度分数。

结构效度指问卷调查结果与问卷中问题的结构特征之间的对应程度。具体操作方法可在问卷调查前将问卷设计排列的问题打乱后随意排列，然后在小范围内（15人左右）请专家逐一判断每一问题属于哪一类问题，以及各类问题构成的总体结构是否与主题相一致，如果专家判断问题分类正确率达80％以上，且总体结构与调查主题相符合，则问卷的结构效度是有效的。

3. 特尔菲法

特尔菲法又称"专家调查法"，是调查者以书面形式对研究的问题向有关专家进行咨询调查，并背对背地反复汇总征询意见，从而进行预测与判断的一种调查形式。在篮球运动科研中多用于研究技术、战术发展趋势及预测大赛的胜负情况等。

（1）特尔菲法特点

① 专家互相隔离和匿名填答问卷，有利于消除相互影响，充分独立地发表意见。

② 调查经过反复汇总和反馈，既能充分集中多数专家的意见，又不排除少数人的意见。

③ 对每一轮调查结果，研究者都要进行统计处理，最后的结果力求转换为定量评价，以获得对问题的准确评价与判断。

④ 在反复调查中，向每一位专家提供上轮调查的结果，便于每位专家在逐轮独立分析评价时有多种参考信息，进而提出客观意见。经几轮调查后，专家意见大多趋于一致，使调查结论更为可靠。

（2）特尔菲法的运用程序

① 确定调查主题，拟定调查纲要和调查表格。

② 确定被调查专家，应选择在本研究领域内连续工作十年以上有造诣的专业人员，专家人数一般以 10～25 人为宜。

③ 调查过程如下。

·向专家发函，提出要求，提供有关背景材料，明确预测目标，征求意见。

·发调查表给专家。调查表只提出要求检测的问题。

·调查者对专家寄回的调查表进行汇总整理，并将统计归纳后的结果反馈给各位专家，为专家修改自己的意见作参考。

·调查者回收第二轮问卷后，进行统计归纳，再反馈给各位专家。如此反复三至四轮即可得出较准确的预测结果。

（三）实验法

实验法是研究者利用一定的物质手段，人为地控制、模拟自然现象，排除非实验因素的干扰，突出主要因素，在特定的条件下通过实践探索自然规律的一种研究方法。实验的类型很多，主要有定性实验、定量实验、对照实验、模拟实

验等。

1. 科学实验的构成因素

任何科学实验都包括三个基本因素，即施加因素、实验对象和实验效应。

施加因素又称处理因素，即在实验中为揭示实验对象可能发生某种变化的突出因素，如提高投篮命中率实验中的特定训练手段与方法等。施加因素必须是规范稳定的、可操作实施的一些内容、方法、手段等。

实验对象泛指实验课题所涉及的全部对象，即实验研究的总体。从实验对象总体中抽出实验个体称之为实验样本，它是实施实验的受试者。

实验效应指通过实验后施加因素对受试者的作用。为了解释施加因素对受试样本产生的效应，就必须通过一定的指标来进行观测，以便确定实验的效应程度。选择指标必须遵循指标的有效性、指标的客观性、指标的代表性及指标的标准化等原则，才能保证观测结果的正确性和可靠性。

2. 实验的设计

实验的设计就是实验的设想方案。即在实验前对即将进行的实验工作进行全面的考虑，确定实验的方法和途径，拟订出明确的方案，提高实验的计划性，以保证实验工作顺利进行。

（1）实验的原则

实验原则包括：重复性原则、可控性原则、随机性原则、对照性原则。

第一，重复性原则。必须使所设计的实验方案可重复进行，并产生同样的结果。

第二，可控性原则。尽量控制各种实验条件，采用均衡或对称安排的方法来达到控制实验的目的。

第三，随机性原则。实验对象必须随机抽样，不能人为地挑选。

第四，对照性原则。"有比较才能有鉴别"，实验分组设计常有自身比较设计、组间比较设计和配对比较设计。

（2）实验设计的内容

实验设计的内容应包括实验题目、实验原理（理论依据）、实验的目的任务、实验时间、实验对象、实验分组设计、实验的施加因素、实验效应观测指标及测试步骤等。

3. 实验的实施

实验的实施是科学实验的中心环节。在此阶段，实验人员要完成以下几项任务。

① 实验仪器设备的安装。

② 预备性实验。

③ 实验过程中的操作、观察与记录。

④ 对实验结果进行处理与评价。

(四) 逻辑方法

科学研究必须通过观察、实验、分析等方法对搜集的资料与事实运用理论思维的方法进行整理，使认识从经验层次上升到理论层次。资料事实的整理过程是多种方法辩证统一的运用过程，包括比较、分类、类比、归纳与演绎、分析与综合等逻辑思维方法。

1. 比较法

比较，是确定事物的共同点和差异点的一种逻辑方法，是人类认识事物最基本、最常用的思维方法。比较同一事物在不同时间的状态叫纵比，比较不同事物各自的特点叫横比。

在篮球科学研究中，广泛地运用比较方法，无论是对比赛统计资料的分析或对实验结果的论证及新观点、新方法的提出，无不运用比较法。在篮球领域，对各种现状分析时常用纵向比较法以揭示篮球运动发展的规律；在提出新观点、新论证、新方法时，又常采用与世界篮球强国的横向比较。

应用比较法进行研究的条件有如下几点。

① 比较对象必须具有可比性。两种比较对象需要比较的属性能用同一单位或标准去衡量，否则这两种对象就不能相比。

② 要有精确、稳定的比较标准。这是定量比较的基础，也是定性比较所必须遵循的。因此，选择和制定精确、稳定的比较标准是有效进行比较的前提。

③ 比较研究要以正确的理论作指导。

2. 分类法

分类，是根据研究对象的共同点和差异点，把研究对象划分为不同种类的逻辑方法；是人们用以区分客观世界，从而掌握客观世界的基本方法。"类"是具有某些共同特征的集合，分类是在比较基础上进行的。常用的分类法有现象分类和本质分类两种类型。现象分类，是根据事物的外在联系或外部标志进行分类；本质分类，是以对象本质特征的内部联系为标准的分类。

分类可以把纷繁复杂的事物加以条件化、系统化，从而深化人的认识。通过

分类可以揭示同类的共性和本质，从而为进一步研究奠定基础。因此，分类法也是篮球科学研究的重要方法。例如，为了揭示篮球动作的特点，加深对篮球技术的认识，从而改进教学训练，进行了"对篮球技术动作分类"的研究，研究结果揭示了篮球技术动作结构特点及内在联系，从而为篮球运动教学改革及教材建设提供了有益的参考。

运用分类法时，首先按照分类对象大的相同点把对象分成大类，再按大类中对象次一级的相同点分成次级类，以此类推，逐渐将对象分成不同等级的类系统。

分类必须遵循的原则有三点。第一，分类必须根据同一标准进行；第二，分类必须相应相称，被划分的各子项之和必须与被划分的母项正好相等；第三，分类必须按一定层次逐级进行，避免超级划分的逻辑错误。

3. 分析法

分析，就是把研究对象分解为各个组成部分或简单要素加以研究，以达到认识其本质的一种思维方法。如研究快攻问题可分解为发动、接应、推进、结束等部分来分别加以研究。

分析法有四种：一是定性分析，是为了确定研究对象是否具有某种性质的分析；二是定量分析，是为了确定客观对象各个部分数量的分析；三是因素分析，是为了确定引起某一现象变化原因的分析；四是系统分析，是一种动态分析，它将客观对象看成一个发展变化的系统。

运用分析法时，必须首先了解研究对象各个组成部分的特征，才能把整体加以解剖，把各个部分从整体中分离出来，加以深入的分析。分析法一般与综合法结合运用，以便全面把握研究对象的发展过程。

4. 综合法

综合法就是把研究对象的各个部分、各个方面和各种因素联系起来加以考虑，从而在整体上把握事物本质和规律的一种思维方法。例如从快攻的发动接应、推进、结束等环节分别分析后把各环节联系起来，考察它们相互间的联系以及各环节与快攻总体战术的联系，从而得出对快攻战术的完整认识。分析与综合是统一的认识过程中的两个侧面，它们互为前提、互相补充、互相转化。人的认识过程就是在"分析—综合—再分析—再综合"的过程中不断提高的。因此，在实际的逻辑思维中没有纯粹的分析或综合，在科学研究中对资料与事实的加工、整理过程中要充分认识到"分析与综合同时并用"这一重要的方法原则。

（五）数学方法

数学方法是运用数学所提供的概念、理论和方法对研究的对象进行定量的分析、描述、推导和计算，以便从量的关系上认识事物发展的规律性的方法。

数学方法为篮球科学研究提供了简洁精确的形式化语言及定量分析和计算的方法手段。在篮球科学研究中，常用的数学方法有下面这几种。

1. 数理统计方法

数理统计是运用概率论定量地研究和剖析实践中所遇到的具体随机现象内部规律的数学方法。在篮球科学研究中得出的各种观测数据和实验数据都属随机变量，随机变量在数值上是随机波动的，但又具有某种分布。我们经常用它们分布中所表现出的联系来反映其变化规律。

数理统计中还有一部分定量研究事物各因素之间相互关系的方法，即相关分析与回归分析，这是用相关系数定量地描述两个变量（因素）间的密切程度的方法。如果两个变量存在相关关系，则可用回归分析的方法研究这种关系。从一组样本数据中设法找出它们这种关系的数学表达式，称回归方程。

由于篮球运动科学研究的现象是复杂的，大多是众多因素交织在一起，因此，要进行多因素分析、聚类分析。

2. 模糊数学方法

客观现实中普遍存在着模糊现象。模糊性指客观事物在差异的中间过渡时所呈现的"亦此亦彼"状态，如篮球进攻的快与慢之间没有绝对分明的界限，呈现出模糊性。在篮球科学研究中，模糊现象广泛存在，因而绝对精确的数学方法常常难以应用。模糊数学就是利用人脑能判断模糊性的特点，用严格的数学语言来描述模糊性，为研究模糊问题提供数学方法。常用的模糊数学方法有模糊模式识别法、模糊聚类分析法、模糊相关分析法、模糊综合评判法、模糊控制法。

3. 运筹学方法

运筹学方法是运用数学方法，把所要研究的问题作出综合性的统筹安排和对策，以达到最经济地使用人力、物力，最优地收到总体效果的方法。运筹学方法包括的内容很多，常用的是决策论方法。决策是对未来行为确定目标、方向，并

选择一个能实现预期目标的最优的可行方案。

4. 预测方法

预测方法是根据过去和现在预测未来，根据已知推测未知的一种数学方法。即根据过去的实际资料，运用已有的科学知识和手段，探索事物在今后可能发展的趋势，并作出估计和评价，以调节人们的行动方向，减少对未来事物的不确定性。预测方法种类很多，在篮球科学研究中常用的有定性预测方法、定量预测方法、概率预测方法等。

（六）系统科学方法

系统科学方法指系统论、控制论、信息论等系统科学方法和理论在体育科研中的应用。它们的共同特征：一是系统性，二是整体性，三是定量性，四是为解决多因素的、动态的复杂系统提供了方法，五是最优化。

1. 系统论方法

系统论方法是用系统的思想研究事物的方法。它首先把研究的事物看作一个系统，从整体与部分之间、整体与外部环境的相互联系、相互作用、相互制约的关系中，综合地考察对象，最佳地处理问题。系统论方法的基本原则是整体性、相互联系性、有序性和动态性。

2. 控制论方法

控制指一个系统为了达到一定目的或保持某种特定状态，根据内部和外部各种变化进行调节的过程。控制论应用于体育领域，对于在体育教学训练中系统实施有目的、有方向、有计划的调节以达到最佳效果有着积极的作用。控制论方法是由功能模拟法、黑箱法、反馈控制法、有机协调等具体方法组成的。目前，篮球科研中主要运用反馈控制方法。反馈控制方法指运用反馈和控制的概念去分析和处理问题。

3. 信息论方法

信息论是用数理统计方法来研究信息传递、信息控制、信息量的计算，以及阐明信息在系统中的作用和规律的一门学科，是控制论的基础。信息论方法指运用信息论的观点，把系统的运动过程或控制过程当作信息传递和信息转换的过程，并通过对信息流的分析和处理，以达到对某些复杂系统运动过程和控制过程产生规律性的认识。

二、篮球科学研究程序

科学研究活动是人类能动地认识世界和改造世界的过程。对于一个具体的研究课题来说，从选题开始到研究工作结束，是一个不断深化认识的过程，在整个过程中，必须按一定的程序完成各项工作。

（一）选择研究课题

选题是进行科学研究的第一步，直接影响研究能否完成和是否有价值，因此必须认真地对待选题工作。

（二）建立假说并验证

1. 建立假说

在科学研究中，为了便于探索客观真理，往往对未知的事物提出设想与推测，这就是假说。科学研究常以假说为基点来设计实验或观测，再通过实验结果来验证假说。所以，假说是发现新事物、形成新理论的桥梁。一个假说从酝酿到形成一般要经过三个步骤：第一，在科学研究中发现新事实、新关系；第二，对上述新事实、新关系产生的原因及发展规律进行初步假定；第三，运用科学方法对初步假定进行逻辑推理，从而形成完整的科学假说。建立假说通常采用类比、归纳、演绎推理等逻辑方法。

① 类比法：根据事物中存在的共同点，用已知的事物去推测未知事物的方法称类比推理法，它是理论思维的一种逻辑推理形式。

② 归纳法：一种由特殊到一般的推理方法，运用归纳法可以把大量经验材料经过分析整理，提高到理性认识阶段，把若干特殊的理性认识变为一般的理性认识。

③ 演绎推理：一种由一般到特殊的推理方法。推理的客观基础是一般与个别的关系，即一般寓于个别中，个别含有一般。

2. 验证假说

假说只是一种猜测，正确与否必须经过检验。检验的标准是实践，即科学事实。通过严格的科学实验、观测、调查等方法获取科学事实来验证假说。只有通过实践证明是正确的，假说才能成为科学理论。

（三）制定研究计划

研究计划是对研究工作经过谋划而形成的实施方案，也称之为研究方案。有了周密详细的研究计划才能有步骤、高效率地完成研究任务。研究计划的内容包括以下四部分。

① 研究课题名称。

② 选题依据。这部分是选择和确定研究课题的理论阐述，主要包括国内外的研究动态、提出问题的理论与实践依据、研究的目的意义。

③ 研究对象的范围与研究任务。这是根据假说进一步将研究对象的具体范围明确化，研究任务条理化。

④ 研究方法指收集科学事实验证假说的具体研究方法。

（四）设计研究方法

在设计过程中包括以下内容。

① 设计研究指标。即实验、观察和调查的具体项目。

② 建立操作定义。对于研究中某些抽象概念和指标作出明确的操作界定，如技术结构、快攻、妙传等，要明确指出其具体内容和特征，才能在收集材料过程中实际操作。建立操作定义的常用方法有三种：第一，用客观事物发生状态、数量和具体现象来界定；第二，分解被定义指标（问题）的特征和所含的小指标（或因素），如"教学训练能力"可定义为"讲解示范能力、组织教学与练习能力、发现与纠正错误能力、临场指挥能力、思想教育与球队管理能力、评价与总结能力"等；第三，用被定义指标主要特征的数量标准进行界定，如高大队员定义为身高两米以上的锋线队员。

③ 设计研究样本与抽样方法。研究样本是从研究对象的总体中合理取出来的部分对象。科学研究常常限于条件不可能对研究对象总体进行全面研究，只能进行抽样研究。样本量的大小以能代表研究总体的特征为宜。样本量太小，其代表性就差；样本量越大，误差越小。但受经费、时间、人力等条件的局限，研究者往往很难实现大样本量。按照统计学中确定样本量的方法，样本误差在允许范围内时，应力求以较少的样本满足研究的需要。确定样本量后，还要根据研究对象总体范围的大小和构成特征，采取相应的抽样方法。抽样方法有随机抽样和非随机抽样，随机抽样时应遵守随机抽样原则，杜绝研究者按主观意图进行选择性抽样。非随机抽样是与随机抽样对应的一种抽样方式，主要是研究者根据主观判

断或操作方便来抽取样本。由于非随机抽样不能控制统计上的误差，因此在推断总结时要非常慎重。

④ 对数据进行统计处理的设计。统计分析方法的设计常用的有定距指标（比率数）、事物相关关系统计指标（如比例数、回归系数、差异程度、指标贡献率等）。

⑤ 预期结果。假说要进行推理，说明其原理和研究成果可供应用的范围。

⑥ 工作进度安排。即详细的日程计划。它将整个研究工作的顺序步骤、时间阶段及各阶段工作内容与措施作出预先安排，形成合理的工作流程。

⑦ 经费预算。

⑧ 课题负责人、参加人及协作单位。

（五）研究资料的收集与整理

1. 收集研究资料

研究资料是验证假说、论证问题、形成科学理论所需要的科学事实，收集研究资料是研究工作所要完成的重要内容。研究资料包括文献（情报）资料和科学事实两大类。文献资料是前人积累的科学理论与研究成果的记录。研究人员只有紧紧围绕研究课题，尽可能多地收集文献资料，才能充分了解本课题的学术背景与前沿动态，才能为验证假说、论证观点提供有力的依据。科学事实表现形式多样，可以是各类实验中获取的原始数据、事例的记录，也可以是观察调查中获得的第一手情况记录、数字、问卷材料、录音、录像、图片等。在收集资料过程中必须坚持客观性与全面性，注意鉴别资料有效性与可靠性。这一阶段的工作既要有科学理论与方法的正确指导，又要求研究者具有勤奋顽强、勇于探索、不怕艰苦的精神，这样才能获取丰富可靠的研究材料。

2. 整理研究资料

通过实验观察、调查访问、临场统计、查阅文献资料所收集到的大量原始、零乱的研究材料，必须经过数理统计与分析处理，才能成为验证假说、形成科学理论的有效依据。

对于文献资料和（定性类）经验事实，主要采用系统方法和逻辑方法进行加工整理。首先，对资料进行汇总、分类、检验、筛选。而后结合研究的任务，运用比较、类比、归纳、演绎、分析、综合等方法进行加工整理，揭示事物可能存在的联系与规律，得出所研究问题的观点与结论。

对于各种实验、测量、观察中直接获取的数据应进行统计处理。运用各类指标数据的处理结果，对研究中的假设进行判断与检验，从而揭示规律。

（六）撰写科学论文

科学论文是表达科学研究新成果的文章。它是研究者完成研究工作的质量和成绩的标志。研究者通过撰写论文，把研究结果用文字记录下来成为永久性文献。撰写论文是科学研究中不可缺少的组成部分。

第三节 科研选题

一、选题的意义与题目的来源

1. 选题的概念及其意义

科研选题就是研究人员选择某一学科领域中尚未认识和解决的问题进行研究的课题。一般来说，研究人员都在自己的专业研究领域内选择课题。这样，研究人员既熟悉情况，又有利于工作的连续性、积累性，还容易出成果。

选题的好坏从根本上决定了科研的总方向和研究方案设计，进而制约着研究的全部过程。所选的题目不同，研究起点、范围、内容与难度也各不相同，所采用的研究方法也不同。一个新颖、可行的课题，将在较高的起点上展开，并可能引起研究方法、手段的变化与更新。从自己探索的领域发现和提出一个有科学意义的问题，本身就是研究者学术创见与科学洞察力的集中体现。如果能开始提出有意义的研究问题，就意味着研究者在继承前人的知识中有所前进、有所发现。

2. 选题的主要来源

① 从体育教学、运动训练、体育管理中直接碰到的实际问题中发掘课题。

② 从文献资料中去搜寻课题。

③ 从体育改革与发展的趋势中及时发现课题。

④ 在对本门学科、专业的传统理论的怀疑中寻找课题。

⑤ 在学科交叉所产生的"空白区"与"边缘地带"发现课题。

⑥ 从各门体育学科有争议的问题中找出研究课题。

⑦ 经常向专家学者请教、参加体育学术会议也可以找到一些研究课题。

二、科研选题的原则

1. 实践需要性原则

实践需要性原则指科研选题首先应满足社会需要，即从体育事业的实践发展需要考虑，从各项体育实际工作中亟须解决的问题出发去选择题目。如体育教学领域内的许多基础理论与应用课题，从教学理论、方法、原则到每项教材的教法、课的结构改革、课外锻炼活动的组织、学生体育兴趣的培养等问题，都是富有意义的研究方向和问题。从运动员的选材到训练过程中的各个环节（技术、战术、训练原则与方法、训练负荷等）、比赛、恢复及训练器械等问题都可以探讨。在各门体育学科的发展中，也有学科自身的体系发展与完善需求、学科内容的更新等，都可作为研究的课题。这一原则主要遵循"科研为实践服务"的指导思想，能使研究课题具有生命力。

2. 现实可行性原则

现实可行性原则指研究者从自己所具备的主观条件和客观条件出发，全面考虑题目的可行程度，恰当地选择研究题目。主观条件，一般指研究人员掌握本课题有关的科学理论知识的程度，包括研究方法与手段、科研能力、经验、科学思维、创新意识、文字表达能力等，这是作为科研工作者必不可少的基本素质与能力。选题时要力求与自己的知识能力大体相适应，与自己专业相一致，并应留有一定余地。尤其对初搞科研的人来说，更应重视这一问题。客观条件是指课题的研究活动必须具备的物质手段和物质条件，包括必备的研究仪器、设备、工具、经费，所需的文献资料、研究时间、观测机会，研究对象的地点远近和状况等。

3. 科学性原则

科学性原则指选题必须有一定的科学理论依据，又能符合某一学科理论发展的方向与需要，这样才能保证研究课题的科学价值。第一，研究题目基本上能纳入某一具体学科的内容范畴，能为学科的完善发展提供参考；第二，题目以现成的科学理论与方法作指导，并以此为依据提出研究假设；第三，有时某些新问题、新事实的科学理论依据不足，现有的理论又不能完全说明解释它，题目貌似怪诞、新奇，但从发展方向看，它可能是潜在的科学领域而大有价值。这种情况在科学史上大量存在，今后仍会存在。

4. 创造性原则

创造性原则指课题在借鉴前人成果的基础上，对所研究的问题能提出新的见解、新的结论，有所发现、有所前进、有所突破。所有的科学研究都是一种特殊的创造性实践活动，创新是科学研究的灵魂。题目力求创新、富有新意，其成果才具有生命力，才可能有一定的学术价值和使用价值。

对创造性要有全面、正确的理解。凡是在本质上具有某种独创性、先进性和新颖性的课题，都是有创造性的题目。在基础理论研究中，表现为新发现、新观点、新原理，建立并开辟新的学科理论。在体育研究中，发明或创编新技术、新战术、新方法、新的训练器械、运动设备、新材料等都属创造性。

课题发现或纠正前人的错误观点是创新；课题将对前人的理论、观点有所延伸、补充与发展也是创新；课题从新的角度、用新的方法，探讨前人已提出的问题，旨在提出新的见解是创新；课题创造性地运用和开发前人的理论成果，旨在提出新的技术、手段、方法及途径是创新；课题从综合前人成果出发，博采众长、兼众独专，概括出新理论、新方法、新观点也是创新。

5. 兴趣性原则

兴趣是最好的老师。一旦题目是自己感兴趣的问题，就会有强烈的动机和责任感，促使研究人员把全部心血倾注其间。

三、科研选题的一般程序

1. 确定研究方向

研究方向一般是研究者比较熟悉的体育专业或某一体育学科范围，同时对之比较感兴趣。如研究生的选题，需先考虑是否在本人专项范围内，然后再确定在本专项中的专门问题范畴。如可以是研究专项技术、战术，也可以是研究教法、训练方法；可以是研究某一学科的基础理论、发展史，也可以是研究应用方法、最新问题与发展等。

2. 查阅文献资料，初步提出研究问题

在确定研究方向的基础上，需要进一步了解这一方向的学术发展状况。首先，要从大量文献资料中搞清楚本专项、本学科的前沿研究状况，如"在同一领域哪些课题已研究过？其水平如何？还有哪些空白区和遗留问题需要探索？别人的经验、教训是什么"。要力求在学科发展的前沿准确地找到自己课题的起

点，寻找新的突破口。这样既避免重复课题，又能发挥自己的特长，确定课题的价值。其次，结合自己在体育实践中的体会或观察，或他人的宝贵经验，或征求导师、同学、同行的意见，初步提出问题。

3. 科学剖析论证，择优选定题目

研究者初步提出的问题一般不止一个，它可以为对比优选提供余地。比如，对问题的意义、新颖性、创造价值进行考虑，对国内外研究动态及获取资料的可能性、研究方法的可行性、主观条件是否具备进行评估，对预期的研究结果进行系统的评价。对研究生来说，主要是采用自我分析、导师论证和同学评价、开题报告的形式进行论证。如果基本符合选题要求，一般课题就可成立。

参 考 文 献

[1] 闫萌萌，张戈．当代高校篮球教学与训练实践研究［M］．太原：山西经济出版社，2020.08.

[2] 朱亚男．高校篮球运动教学与训练研究［M］．北京：九州出版社，2017.10.

[3] 任金锁，李昂．高校篮球运动教学与训练研究［M］．长春：吉林大学出版社，2012.12.

[4] 刘浩波．高校篮球教学与训练［M］．长春：吉林大学出版社，2015.12.

[5] 于洋．高校篮球教学训练技巧研究［M］．北京：新华出版社，2020.09.

[6] 黄震．高校篮球教学与训练实践研究［M］．长春：吉林人民出版社，2019.08.

[7] 宋亮．高校篮球教学与训练教程［M］．北京：原子能出版社，2015.06.

[8] 陈勇．高校篮球教学训练技巧研究［M］．北京：新华出版社，2016.04.

[9] 李永彬，杨万程．高校篮球教学训练与参赛能力培养［M］．北京：中国原子能出版社，2014.07.

[10] 张胜，奇大力，张哲．高校篮球教学训练工作研究［M］．长春：吉林大学出版社，2013.

[11] 纪德林．高校篮球运动教学与训练的指导及优化［M］．北京：北京工业大学出版社，2020.06.

[12] 吕秋壮．高校篮球教学理论创新与训练研究［M］．北京：中国原子能出版社，2017.07.

[13] 战美迎．高校篮球教学与训练研究［M］．长春：吉林大学出版社，2018.05.

[14] 李勇．高校篮球运动教学与训练发展研究［M］．长春：吉林出版集团股份有限公司，2016.04.

[15] 卢文超．高校篮球运动教学与战略训练［M］．北京：九州出版社，2015.01.

[16] 周荣凤，孙亚光，刘文亮．高校篮球教学训练基本理论与实践研究［M］．长春：东北师范大学出版社，2018.01.

[17] 王新．高校篮球训练研究［M］．长春：东北师范大学出版社，2019.12.

[18] 宋珊，李大鹏．篮球教学与训练研究［M］．长春：吉林出版集团股份有限公司，2019.05.

[19] 孙月舟，胡长居．篮球训练与规则［M］．成都：电子科技大学出版社，2017.03.

[20] 徐国富；江茹莉，刘晓嵩．篮球［M］．西安：西安电子科技大学出版社，2015.10.

[21] 刘云民，王恒．篮球教学与训练［M］．哈尔滨：哈尔滨工程大学出版社，2015.09.

[22] 张伟，肖丰．高校篮球运动教学理论与方法研究［M］．北京：新华出版社，2019.01.

[23] 谭晓伟，岳抑波．高校篮球教学开展的理论与实践研究［M］．长春：吉林人民出版社，2018.12.

[24] 余丁友．现代篮球运动教学与训练研究［M］．北京：冶金工业出版社，2019.10.

[25] 杨杨．篮球教学方法研究［M］．北京：现代出版社，2019.09.

[26] 王振涛．篮球教学理论与应用研究［M］．北京：中国书籍出版社，2017.11.

[27] 李承维．篮球运动教学与训练［M］．武汉：华中科技大学出版社，2012.02.

[28] 杨照．基于体育强国背景下现代篮球运动的教学与训练研究［M］．长春：东北师范大学出版社，2018.05.

［29］ 李忠义. 校园篮球执教之路［M］. 北京/西安：世界图书出版公司，2018.05.

［30］ 黄德星. 篮球训练执教方略［M］. 昆明：云南大学出版社，2014.06.

［31］ 张海利，张海军. 现代高校篮球教学理论与方法研究［M］. 北京：新华出版社，2015.09.

［32］ 王振中. 现代高校篮球教学理论与实践研究［M］. 长春：吉林大学出版社，2020.09.

［33］ 贺成华，陈清，夏重华. 高校篮球运动教学与训练［M］. 北京：九州出版社，2018.08.